Klettersteigführer - Mittelschwere Klettersteige und Klassiker der Alpen, Band 1

Mindelheimer Klettersteig, Hindelanger Klettersteig, Zugspitze und mehr...

von Tobias Sessler

Detailbeschreibungen für geübte Bergwanderer und Bergsteiger

Abbildungen auf dem Einband:

Vorderseite - Mindelheimer Klettersteig, exponierte Wand mit Bügeln
Rückseite - Hindelanger Klettersteig, Leiter am Wengenkopfgrat

Der demnächst erscheinende zweite Band dieser Reihe wird sich mit weiteren mittelschweren Klettersteigen und alpinen Klassikern, wie z.B. der legendären Überschreitung des Watzmanns oder dem Berliner Weg befassen. Sie können jederzeit auf www.gipfelshop.de überprüfen, ob dieser Titel bereits verfügbar ist.

Der Inhalt des Klettersteigführers wurde sorgfältig recherchiert. Verlauf, Zustand und Schwierigkeit der einzelnen Routen können sich zukünftig ändern und alle Beschreibungen bzw. Bewertungen sind stets subjektiver Natur. Es wird keine Haftung (aus keinem Rechtsgrund) für Schäden bzw. Unfälle übernommen, die auf fehlerhaften, fehlenden oder sonstigen Angaben in diesem Buch beruhen - die Nutzung des Führers und die Begehung der Steiganlagen erfolgt stets auf eigene Gefahr! Der Autor steht in keinerlei Zusammenhang mit den Erbauern bzw. Betreibern der beschriebenen Klettersteige und hat keinen Einfluss auf den aktuellen Zustand der Wegführungen. Die eingefügten Routennetzpläne und Höhenprofile verstehen sich als vereinfachte Planungsgrundlagen und sollen folglich keine topografischen Kartenblätter ersetzen.

Text, Fotos, Grafik und Layout: Tobias Sessler
Herstellung und Verlag: Books on Demand GmbH, Norderstedt

ISBN 3-8334-4550-5

Inhaltsverzeichnis

Sicherheit auf Klettersteigen

Alle aufgeführten Klettersteige lassen sich mit dem Begriff "mittelschwer" charakterisieren, was eine Eignung für ungeübte Geher (Wanderer) ausschließt - Anfänger sollten die Routen dementsprechend nur in Begleitung eines Bergführers oder erfahrenen Partners absolvieren. Wir empfehlen generell die **Verwendung eines Klettersteigsets**, dessen Karabiner unterbrechungsfrei (einzelnes Umhängen an Fixpunkten) zur Selbstsicherung in die typischerweise verbauten Drahtseile eingehängt werden. Drahtseile, Eisenbügel, Stifte und natürliche Tritte sind immer auf ihre Festigkeit und Belastbarkeit zu prüfen (Rütteln und Ziehen). Auch bei einer gesicherten Fortbewegung, ist auf **drei Haltepunkte** (jeweils zwei Hände und ein Fuß oder zwei Füße und eine Hand) zu achten. Gerade ungesicherte Passagen können u.U. sicheres Klettern im leichten Fels erfordern. Da in der Regel erhebliche Steinschlaggefahr (u.a. durch andere Kletterer) herrscht, gehört (neben Gurt und Klettersteigset) stets ein geeigneter **Schutzhelm** zur vollständigen Ausrüstung - ein Abtreten bzw. Abbrechen von Gestein muss (zum Schutz nachfolgender Geher) unbedingt vermieden werden.
Alle Einstufungen in diesem Führer sind subjektiver Natur und verstehen sich lediglich als Orientierungshilfe - es entscheiden stets die Fähigkeiten des jeweiligen Bergsteigers über die **individuelle Eignung einer Tour**. Die Klettersteige sind grundsätzlich so beschrieben, wie sie der Autor bei der Kontrollbegehung vorgefunden hat. Insofern ist beachtenswert, dass sich ihr Charakter, z.B. durch Felsausbrüche, Verlegungen oder Rückbau von Sicherungen, Markierungen bzw. Tritthilfen, jederzeit ändern kann. Alle Darstellungen beziehen sich auf Normalverhältnisse bei günstiger Jahreszeit (Sommer) und optimaler Witterung (trocken, schneefrei).
Da sich dieses Buch an den bereits geübten Klettersteigfreund richtet, werden **grundlegende Kenntnisse** zum sicheren alpinen Bergwandern (z.B. Tourenplanung, Ausrüstung, Verhalten bei Gewitter - Klettersteige sind durch die metallischen Elemente extrem gefährlich) vorrausgesetzt. Gleiches gilt für die subjektiven Eigenschaften des Bergsteigers (u.a. absolute Trittsicherheit, Schwindelfreiheit, Kondition).

Der souveräne Umgang mit alpinen Gefahren kann beispielsweise in Ausbildungskursen der Alpenvereinssektionen erlernt werden. Spezielle Literatur, topografische Karten und weitere Führer können unkompliziert im Internet auf www.gipfelshop.de (↗ Hinweis S. 71) bestellt werden.

Schwierigkeiten / Klassifizierung

▶ Gehgelände

Wegabschnitte werden grundsätzlich als Gehgelände eingestuft, wenn kein Klettersteigcharakter festgestellt werden kann. Da sich das vorliegende Buch an den geübten Bergsteiger richtet, wird hier keine weitere Differenzierung vorgenommen - ausreichende Trittsicherheit und adäquate Schwindelfreiheit werden in jedem

Fall vorausgesetzt. Alpine Gefahren sind in den Zustiegen oder Zwischenpassagen (abgesehen von Steinschlag) oft reduziert, können aber nie ausgeschlossen werden. Eine Ausnahme bildet die anspruchsvollere Ersteigung des Höllentalferners (Gletscher, ↗ Tour 03 Punkt 03-006) an der Zugspitze - hier ist das objektive Risikopotential (Spalten, steiles Eis) besonders hoch.

A

Leichte Klettersteige

Unter leichten Klettersteigen versteht man (aus gehtechnischer Sicht) relativ einfache Routen, wobei alle kritischen Abschnitte gesichert sind. Kurze Leitern (selten senkrecht) und ausreichende Tritthilfen (u.a. vereinzelte Eisenklammern und Stifte) befinden sich in der Regel im nur mäßig steilen Gelände - viele Sicherungselemente dienen vorrangig dem Sicherheitsgefühl. Einzelne Stellen können bereits ausgesetzt sein, sind aber leicht zu passieren. Geübte Geher (absolut trittsicher und schwindelfrei) bewältigen Steige dieser Kategorie in der Praxis oftmals ohne Selbstsicherung (hiervon ausgenommen sind jedoch Positionen mit relevanter Absturzgefahr, wie z.B. Leitern über höheren Wandstufen). Vielfach ist eine problemlose Orientierung möglich. Insgesamt sind Routen bzw. Wegabschnitte der Klassifizierung A in Bezug auf eine "normaltypische" Bergwanderung in der Grundschwierigkeit nur geringfügig erhöht.

B

Mäßig schwierige Klettersteige

Klettersteige der Klassifizierung B werden bereits durch steileres Gelände mit ausgesetzten Passagen (die zum Teil über kleinere Tritte verfügen) gekennzeichnet, wobei alle kritischen Abschnitte gesichert sind. Die Passage von längeren Leitern (teilweise auch senkrecht), Eisenklammern und sonstigen Tritthilfen (ausreichend vorhanden) kann konditionell anstrengend sein und adäquate Körperbeherrschung verlangen. Oftmals ist ein Wechselspiel mit leichten Wegsegmenten zur Erholung gegeben. Ohne Tritt- bzw. Griffhilfen würde eine Route der Kategorie B an einzelnen Stellen einer Schwierigkeit II - III (UIAA) entsprechen - dank der künstlichen Sicherungsanlagen halten sich die tatsächlichen Anforderungen jedoch in Grenzen. Auch geübten Gehern ist die Selbstsicherung zu empfehlen. In der Regel ist eine problemlose Orientierung möglich.

C

Schwierige Klettersteige

Anspruchsvolle Routenführungen der Klassifizierung C verlaufen (stärker ausgesetzt) im steilen bis senkrechten Gelände. Griffe und Tritte sind oft klein - Eisenklammern, Stifte und sonstige Hilfen können weiter auseinander liegen (senkrechte Abschnitte sind zum Teil nur mittels Stahlseil gesichert). Diverse Positionen werfen technische Problematiken auf und müssen besonders anstrengend (Armkraft) erklettert werden. Ohne die Tritthilfen und Sicherungsanlagen würde eine Route der Kategorie C oftmals einer technischen Schwierigkeit III - IV (UIAA) entsprechen. Eine Selbstsicherung ist Jedermann zu empfehlen. Bergsteiger ohne ausreichende Übung sollten (zusätzlich) zumindest die Begleitung durch einen erfahrenen Bergpartner in Anspruch nehmen. Die Orientierung kann sich im alpinen Gelände (u.a. in ungesicherten Passagen) schwieriger gestalten.

Wegabschnitte der hier nicht näher erläuterten Klassifizierungen D (sehr schwierig) und E (extrem schwierig, Sportklettersteige) sind durch besonders hohe Anforderungen bzw. alpine Gefahren gekennzeichnet und werden in diesem Führer nicht beschrieben. Der Inhalt des vorliegenden Buches bezieht sich auf **mittelschwere Klettersteige**, welche insofern den **Kategorien B bis C** entsprechen. Zwischenstufen werden z.B. mit B/C gekennzeichnet.

In den Beschreibungen findet man bezüglich verschiedener Stellen ab und an "entsprechende" Einstufungen im Sinne der **UIAA-Skala**, welche eine Schwierigkeitsbewertung für das (freie) Felsklettern darstellt. Zur Orientierung sind hier die ersten drei Bewertungsstufen genannt.

I **Leicht**

Geringe Schwierigkeiten, wobei die Hände lediglich zur Unterstützung des Gleichgewichts notwendig sind. Es handelt sich jedoch nicht mehr um einfaches Gehgelände. Unter Umständen sollten Anfänger schon hier gesichert werden.

II **Mäßige Schwierigkeiten**

Hier beginnt das Klettern im eigentlichen Sinn des Wortes. 3-Punkte-Haltung mit entsprechendem Einsatz der Hände erforderlich. Insgesamt aber nur mäßige Schwierigkeiten.

III **Mittlere Schwierigkeiten**

Höherer Kraftaufwand, insbesondere an senkrechten Stellen und gutgriffigen Überhängen. In exponierten Passagen sind bereits Zwischensicherungen empfehlenswert.

Hinweise zum Inhalt

Werden die Begriffe "rechts" oder "links" verwendet, so beziehen sich diese Weisungen stets auf die vermerkte Gehrichtung. Im Zweifelsfall ist den Wegweisern, Markierungen oder den Drahtseilsicherungen zu folgen. Höhenangaben beruhen auf kartografischen Daten oder barometrischen Eigen-Messungen (mit entsprechender Toleranz). Die vermerkten Gehzeiten können (je nach Sicherungsaufwand und individueller Kondition) erheblich unter- oder überschritten werden.

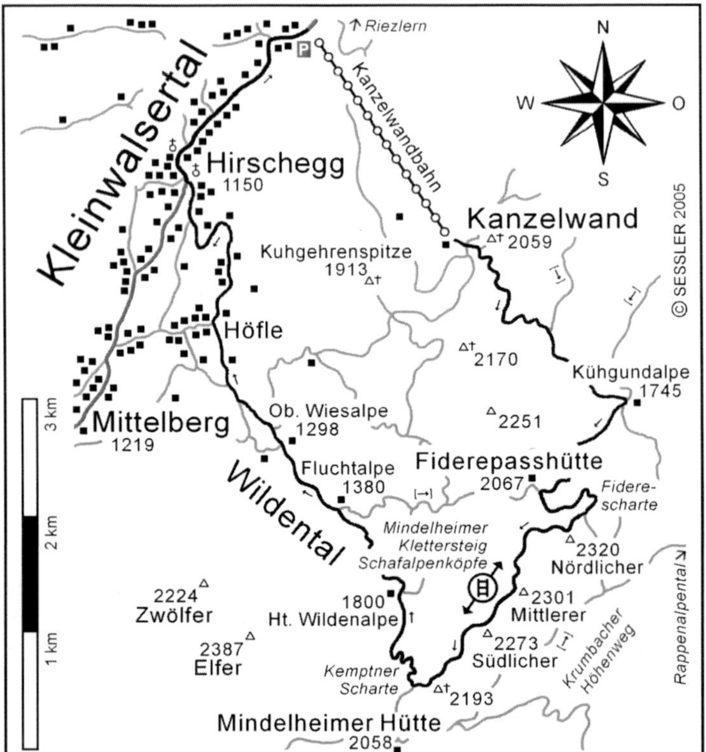
Riezlern
Kanzelwandbahn
N
W
O
S
Kleinwalsertal
Hirschegg
1150
Kanzelwand
2059
© SESSLER 2005
Kuhgehrenspitze
1913
Höfle
2170
Kühgundalpe
1745
3 km
2 km
1 km
Mittelberg
1219
Ob. Wiesalpe
1298
2251
Fluchtalpe
1380
Fiderepasshütte
2067
Fiderescharte
Wildental
Mindelheimer
Klettersteig
Schafalpenköpfe
2320
Nördlicher
Rappenalpental
2224
Zwölfer
1800
Ht. Wildenalpe
2301
Mittlerer
2387
Elfer
2273
Südlicher
Krumbacher Höhenweg
Kemptner
Scharte
2193
Mindelheimer Hütte
2058

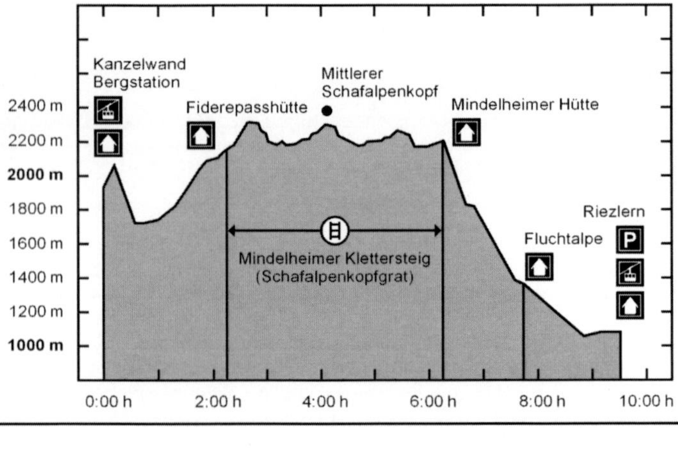
Kanzelwand
Bergstation
Mittlerer
Schafalpenkopf
Fiderepasshütte
Mindelheimer Hütte
2400 m
2200 m
2000 m
1800 m
1600 m
1400 m
1200 m
1000 m
Riezlern
Fluchtalpe
Mindelheimer Klettersteig
(Schafalpenkopfgrat)
0:00 h
2:00 h
4:00 h
6:00 h
8:00 h
10:00 h

● 01 Schafalpenköpfe (2320 m / 2301 m / 2273 m) und Kemptner Köpfle (2193 m) via Mindelheimer Klettersteig

ab Kanzelwand (Bergstation) in den Allgäuer Alpen

Schwierigkeit	■■■■■□□□
Kondition	■■■■■□□□
Exponiertheit	■■■■■■□□

○ Geografische Informationen:

Zwischen dem Kleinwalser- und dem Rappenalpental befindet sich (im nordwestlichen Bereich der Allgäuer Alpen) ein stark zerklüfteter Felskamm, der mit den Schafalpenköpfen (2320 m / 2301 m / 2273 m) drei markante Erhebungen aufwirft. Einen vierten Kulminationspunkt stellt das Kemptner Köpfle (2193 m) dar. Der langgestreckte Grat (Hauptdolomit) bricht im Westen zum hinteren Wildental ab und liegt im Osten vis-a-vis zum Hauptkamm der Gebirgsgruppe. Die ursprüngliche Sicherung des Klettersteigs zur Überschreitung der genannten Gipfel wurde 1973 bis 1975 von der DAV-Sektion Mindelheim vorgenommen.

○ Schwierigkeiten (geh- und klettertechnisch):

Die überaus interessante Gratbegehung (ein mittelschwerer bis schwieriger Klettersteig) präsentiert sich zum größten Teil als anspruchsvolle Überschreitung, die immer wieder von (stark) exponierten Steilstufen unterbrochen wird. Diverse Wandstellen, Platten und Risse wurden mit Drahtseilen, Eisenklammern (im Sinne von Leitern) und vielen Tritt- bzw. Griffstiften versehen. Einzelstellen verblieben ungesichert. Der technische Anspruch ist konform zur **Klassifizierung I - II (UIAA) bzw. B/C bis C**. Insbesondere an verschiedenen Bügeln mit leichtem Überhang ist Armkraft notwendig. In diesem Zusammenhang wird die Begehung in der hier beschriebenen Richtung empfohlen - bereits am Anfang des Steigs kann somit eine typische Schlüsselstelle (evtl. Entscheidung zum Abbruch, ↗ Punkt 01-004) erprobt werden. Nur für absolut trittsichere und schwindelfreie Geher mit alpiner Erfahrung!

○ Gehzeiten (ohne Pausen):

+ 0:15 h	Bergstation Kanzelwand - Kanzelwandscharte
+ 0:45 h	Kanzelwandscharte - Kühgundalpe
+ 0:45 h	Kühgundalpe - Fiderepass
+ 0:30 h	Fiderepass - Fiderescharte
+ 4:00 h	Fiderescharte - Kemptner Köpfl (via Klettersteig)
+ 1:30 h	Kemptner Köpfl - Fluchtalpe im Wildental
+ 1:45 h	Fluchtalpe im Wildental - Riezlern (Talstation)

[insgesamt + 9:30 h Rundtour]

Da der Mindelheimer Klettersteig in beiden Richtungen begangen wird, können sich erhebliche Wartezeiten durch "Gegenverkehr" ergeben. Aus diesem Grund muss oftmals mit längeren Gehzeiten kalkuliert werden. Routinierte Bergsteiger sind andererseits in der Lage, die hier prognostizierten + 4:00 h (für die Überschreitung) zu unterbieten. Die Tagesgehzeit lässt sich weiterhin durch eine Übernachtung auf der Fiderepasshütte oder der Mindelheimer Hütte deutlich reduzieren - die angesprochenen Objekte liegen (jeweils vor und nach dem Klettersteig) in unmittelbarer Nähe der hier beschriebenen Wegführung (↗ Punkte 01-002 / 01-006).

o Höhendifferenzen:

Die "rechnerisch ermittelbaren Höhendifferenzen" zwischen den zu überschreitenden Gipfeln sind aufgrund der Kammlage nicht relevant. Der Gratverlauf bietet jedoch zahlreiche Gegenanstiege, die in der Summe einer typischen Bergwanderung entsprechen! Für den Zustieg und den Schluss-Abstieg ins Tal gilt:

+	067 hm	Bergstation Kanzelwand - Kanzelwandscharte
–	278 hm	Kanzelwandscharte - Kühgundalpe
+	290 hm	Kühgundalpe - Fiderepass
+	285 hm	Fiderepass - Nördlicher Schafalpenkopf
–	212 hm	Nördlicher Schafalpenkopf - Kemptner Scharte
–	308 hm	Kemptner Scharte - Hintere Wildenalpe
–	420 hm	Hintere Wildenalpe - Fluchtalpe
–	294 hm	Fluchtalpe - Riezlern (Talstation)

[+ 642 hm Aufstieg, – 1512 hm Abstieg]
Die Gegenanstiege am Grat sind nicht inkludiert!

Fiderepasshütte (01-002 - Ansicht von Süden)

o Besondere Gefahren / Ausrüstung:

Der sparsam markierte Gratverlauf indiziert an vielen Steilstufen eine **hohe Steinschlaggefahr** durch Personenauslösung. Es wird die Verwendung eines Helms empfohlen! Stark ausgesetzte **Abschnitte mit höherem Sturzrisiko** (u.a. abgetretener Fels und lehmige Stellen) erfordern den Gebrauch eines Klettersteigsets zur Selbstsicherung! An einigen Positionen ist bei mangelnder Konzentration ein Versteigen möglich. Von einer Begehung bei Nässe, Vereisung, Nebel oder Gewitterneigung wird abgeraten - es existieren diesbezüglich keine regulären (gekennzeichneten) Notabstiege, so dass ein hohes Gefahrenpotential besteht!

o Haupt-Stützpunkte:

Bergstation Kanzelwandbahn (1956 m, privat bewirtschaftet)
Fiderepasshütte (2067 m, Deutscher Alpenverein ↗ S. 12)
Mindelheimer Hütte (2058 m, Deutscher Alpenverein ↗ S. 14)
Fluchtalpe (1380 m, privat bewirtschaftet)

o Anreise:

Auf der Straße B 19 (später 201) ins Kleinwalsertal bis nach Riezlern und zur Talstation der Kanzelwand-Bahn am Ortsende (Parkplatz der Gondelbahn unmittelbar an der Hauptverkehrsstraße). Linienbus im Kleinwalsertal (Verbindung von Oberstdorf).

▶ **01-001 Übergang zur Kühgundalpe:** Nach der Auffahrt mit der *Kanzelwandbahn* gehen wir durch den kleinen Sattel, welcher der Bergstation (1956 m) vorgelagert ist. Sogleich beginnt ein harmloser Aufstieg - ein mäßig steiler Bergpfad (anfangs künstlich gestuft) leitet uns in wenigen Minuten zur *Kanzelwandscharte* (2023 m) empor. Von dieser Stelle ist linker Hand ein Abstecher zum Gipfel der *Kanzelwand* (2059 m, auch *Warmatsgundkopf* genannt) ohne nennenswerten Zeitaufwand möglich. Hierzu muss lediglich der unschwierige Schrofenhang erstiegen werden. Die Sicht auf das benachbarte *Fellhorn* (2038 m) und den *Hohen Ifen* (2229 m) über dem *Kleinwalsertal* ist durchaus lohnend.
In der *Kanzelwandscharte* orientieren wir uns am Wegweiser "Kühgundalpe / Fiderepasshütte / Mindelheimer Hütte" und steigen den östlichen Hang hinab. Die Route ist nur mäßig steil (aber stets steinig) und führt über felsdurchsetzte Wiesenflanken, wobei etwas schroffere Einzelstellen zu erwarten sind. Wir treffen auf den Pfad von der Mittelstation der *Fellhornbahn* (alternativer Zugang) und halten uns rechts (Wegweiser "Fiderepasshütte"). Nach einem flachen Abschnitt folgt eine felsige Querung im Gehgelände, die mit einem Seil gesichert wurde. Schließlich erreichen wir in einem Bogen die unbewirtschaftete *Kühgundalpe* (1745 m), wo es ein Zusammentreffen mit dem Weg via *Warmatsgundalpe* (1331 m) gibt. Über dem Talschluss ist nun kurzzeitig die *Fiderepasshütte* (2067 m) sichtbar.

Nördliche Schlüsselstelle am Mindelheimer Klettersteig (01-004)

01-002 Aufstieg zum Fiderepass: Hinter den winzigen Hütten der *Kühgundalpe* (1745 m) passieren wir sogleich den Abzweig des *Krumbacher Höhenwegs* (Hinweistafel), der linker Hand zur *Roßgundscharte* (2006 m) hinauf zieht. Unser ausgetretener Pfad folgt jedoch dem Bett des *Warmatsgundbaches* in angenehmer Steigung und wir nähern uns dem kleinen Kamm, welcher das felsumrahmte Tal beschließt. Nun müssen etwas steilere Serpentinen absolviert werden - der *Fiderepass* (2035 m) im kupierten Grasgelände ist schnell erstiegen. Wer zunächst die *Fiderepasshütte* (2067 m) besuchen möchte, wendet sich an der Gabelung (entgegen unserer weiteren Route) nach rechts und ist in wenigen Minuten beim idyllisch gelegenen Gebäude.

Fiderepasshütte, 2067 m [DAV Oberstdorf]
Lage: am Fiderepass / Schafalpenköpfe, 10 Betten / 99 Lager, bewirtschaftet im Sommer ca. Ende Mai bis Mitte Oktober,
☎ 0049/(0)8322/700151 (Hotline), www.fiderepasshuette.de

01-003 Aufstieg zur Fiderescharte: Wir wenden uns am *Fiderepass* (2035 m, Hinweistafel "Mindelheimer Klettersteig") nach Südosten und begeben uns in den unwirtlichen Geröllhang. Entsprechend steil und rutschig steigen wir empor und gelangen so zu einer langen Querung, welche nach Nordosten zieht. Unterhalb des Zwischenziels muss nochmals ein steilerer Abschnitt erobert werden - nun kann die *Fiderescharte* (2210 m) durchschritten werden und es wird eine fantastische Aussicht zum Hauptkamm der *Allgäuer Alpen* möglich.

Hinter der Scharte ist der Weg kurz gesichert (etwas ausgesetzt). Nach wenigen Minuten zweigt schließlich rechts der *Mindelheimer Klettersteig* (Hinweistafel) ab.

C

01-004 Nördlicher Schafalpenkopf: Wir folgen im Gehgelände dem Gratverlauf und nähern uns schnell dem *Nördlichen Schafalpenkopf* (2320 m), der sich als breite Trutzburg präsentiert. Die erste Kraxelstelle führt zu einer Sicherung - sie leitet links um ein kleines Platteneck herum. Nach einem Aufschwung (mit Trittstiften) stehen wir vor der Schlüsselstelle des Klettersteigs. Eine senkrechte Wandstufe (8 m) wird anspruchsvoller auf einigen Eisenklammern (leichter Überhang) und Stiften erklettert. Der kurze Abschnitt verdeutlicht gut den weiteren Charakter der Route. Wer hier zur Umkehr gezwungen wird, kann am vorherigen Abzweig zum *Krumbacher Höhenweg* absteigen und so den Klettersteig bis zur *Mindelheimer Hütte* (2058 m), im Sinne einer problemlosen Bergwanderung, umgehen.
Der weitere Aufstieg führt über eine kleine Leiter (1 m) zu einer Verschneidung. Über glatten Fels gelangen wir zu zahlreichen Bügeln, die steil und ausgesetzt (zum Teil ungesichert) auf den Kamm leiten. Ein Markierungspfeil weist hier nach rechts (der Gipfel befindet sich links) und wir folgen dem Blockgrat. Nach einer kleinen Schrägplatte steigen wir eine gesicherte Steilstufe hinab (Richtungswechsel am Ende des Drahtseils!). Weitere Bügel, Stifte und eine Schrägleiter (6 m) bringen uns kurz zu einer breiteren Gratschneide - die nächste Stufe wird wiederum auf Bügeln (mit seitlichem Überstieg) abgeklettert. Bald müssen wir über eine Eisenbrücke (4 m, waagerecht liegende Sprossenleiter mit schlaffem Seil) balancieren.

Eisenbrücke hinter dem Nördlichen Schafalpenkopf (01-004)

C

01-005 Mittlerer Schafalpenkopf: Nach der Brücke erwartet uns ein gut trassierter Pfad. Wir gehen hinter einer Kuppe entlang und schließlich links vom Grat herunter (gesicherter Zwischenabstieg in einer Plattenrinne). Kurz darauf passieren wir etwas luftiger (unschwierig) einen markanten Turm - rechter Hand gibt es einen schönen Tiefblick ins *Wildental*. Nun folgt ein spektakuläres Wandstück (senkrecht) mit 22 Eisenklammern (leichter Überhang, stark ausgesetzt) im Abstieg.
Der Aufstieg zum *Mittleren Schafalpenkopf* (2301 m) bietet zunächst eine ungesicherte Kletterei (II) im sehr steilen Fels - einzelne Stifte dienen als Griffhilfe. Sogleich führt die Route einen Spalt hinauf, der seitlich an Bügeln verlassen wird. Eine glatte Schrägplatte ist mit Trittstiften versehen (Richtungswechsel nach oben! Markierungspfeil!). Jetzt klettern wir wieder auf den Grat und schauen zu den furchterregenden Abstürzen des oberen Bergkopfes. Der finale Aufstieg ist nochmals anspruchsvoller.

BC

01-006 Südlicher Schafalpenkopf: Nach den letzten zwei Eisenklammern am *Mittleren Schafalpenkopf* (2301 m) folgt Gehgelände - der Steig weicht bald in die linke Flanke aus. Einem gesicherten Steilabstieg schließt sich eine Stufe mit Bügeln an und wir gelangen in die Vertiefung vor dem *Südlichen Schafalpenkopf* (2273 m). Der Pfad zieht nach rechts und einem Aufschwung folgt ein mannsbreiter Spalt, welcher ohne Kletterhilfen belassen wurde. Die Durchquerung ist insofern etwas knifflig. Zwei weitere Steilaufschwünge sind zu absolvieren und letztlich queren wir hinter dem Gipfel entlang. Der Blick kann nun auf das begrünte *Kemptner Köpfl* (2193 m) gerichtet werden.
Der Weg in den Verbindungssattel bietet nochmals eine Überraschung: unvermittelt zieht ein Drahtseil nach links und führt uns zu einer steilen Leiter (8 m). Es folgt ein ungesicherter Abstieg in leichter Kletterei (II), der lediglich mit einigen Stiften "entschärft" wurde und gute Konzentration verlangt.
Auf einem lehmigen Pfad wird zum Abschluss das *Kemptner Köpfl* (2193 m) überschritten. Hinter der Kuppe versteckt sich die *Kemptner Scharte* (2108 m) - linker Hand ist nun ein problemloser Abstecher zur *Mindelheimer Hütte* (2058 m) möglich.

Mindelheimer Hütte, 2058 m [DAV Mindelheim]
Lage: am Kemptner Köpfl / Angerer Kopf, 0 Betten / 150 Lager, bewirtschaftet im Sommer ca. Mitte Juni bis Mitte Oktober,
☎ 0049/(0)8322/700153 (Hotl.), www.mindelheimerhuette.de

▶

01-007 Abstieg nach Riezlern: Wir orientieren uns in der Scharte am Wegweiser "Wildental / Fluchtalpe" und steigen in Serpentinen (rutschig, teils gesichert) abwärts. Der mühsame Abschnitt endet erst im hinteren Talgrund - hier wird der *Wildenbach* auf einigen Steinen überquert. Nahezu eben passieren wir bald die *Hintere*

Schafalpenkopfgrat (01-004 / 01-006 - Ansicht von Südwesten)

Wildenalpe (1800 m) und gehen hierbei unmittelbar am Gebäude vorbei. Der Pfad (teils steinig) führt nun durch Wiesenhänge in die Baumzone. Wir kommen an einem Wasserfall vorbei und erreichen letztendlich die *Fluchtalpe* (1380 m) - hier beginnt ein Fahrweg. Dieser bringt uns bequem zu den *Wiesalpen* (1298 m), wo die Routen in die Talorte ausgewiesen sind. Zum Schluss können wir (langwierig) auf asphaltierten Nebenstraßen via *Höfle* zur Talstation der *Kanzelwandbahn* in *Riezlern* wandern.

o Alternativen:

a. Übergang von der Bergstation der *Fellhornbahn* (1967 m) zur *Fiderepasshütte* (2067 m) via *Kühgundalpe* (1745 m).
b. Kürzester Talzustieg (ohne Bergbahn) zur *Fiderepasshütte* (2067 m) via *Wildental* und *Vorderer Wildenalpe* (1674 m) - insofern als sehr anstrengende Wildental-Klettersteig-Rundtour ausgehend von *Mittelberg* (1215 m, Linienbus) im *Kleinwalsertal*.
c. Nordwestlicher Zustieg zur *Fiderepasshütte* (2067 m) über die *Warmatsgundalpe* (1331 m) und die *Kühgundalpe* (1745 m).
d. Der nahezu parallel zum *Klettersteig* verlaufende *Krumbacher Höhenweg* kann als Rückweg (im Sinne einer Hütten-Rundtour) zu einem der beiden Alpenvereinsstützpunkte genutzt werden.

o Buch-Tipp:

Wer sich für weitere Bergtouren in der Region *vom Kleinwalsertal über Oberstdorf bis zum Tannheimer Tal* interessiert, dem sei das Buch **Bergwanderungen, Gipfelziele und Höhenwege in den Allgäuer Alpen** vom gleichen Autor empfohlen. Es sind 60 besonders erlebnisreiche Routen, wie etwa auf den *Hohen Ifen* oder den *Großen Widderstein* enthalten. Bezugshinweis ↗ S. 72.

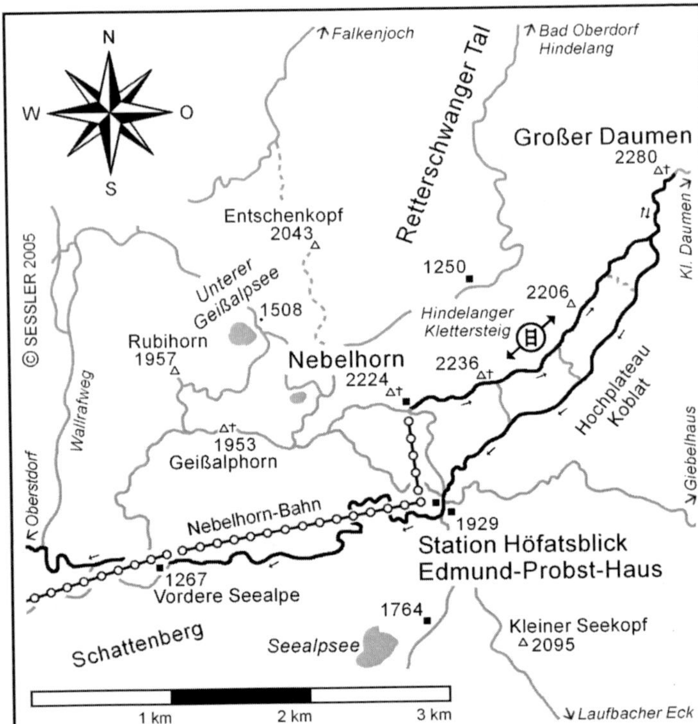
N
W
O
S
Falkenjoch
Retterschwanger Tal
Bad Oberdorf
Hindelang
Großer Daumen
2280
Kl. Daumen
Entschenkopf
2043
Unterer Geißalpsee
1508
1250
2206
Hindelanger Klettersteig
Rubihorn
1957
Nebelhorn
2224
2236
Hochplateau Koblat
Giebelhaus
© SESSLER 2005
Wallrafweg
Oberstdorf
1953
Geißalphorn
Nebelhorn-Bahn
1929
Station Höfatsblick
Edmund-Probst-Haus
1267
Vordere Seealpe
1764
Kleiner Seekopf
2095
Schattenberg
Seealpsee
1 km
2 km
3 km
Laufbacher Eck

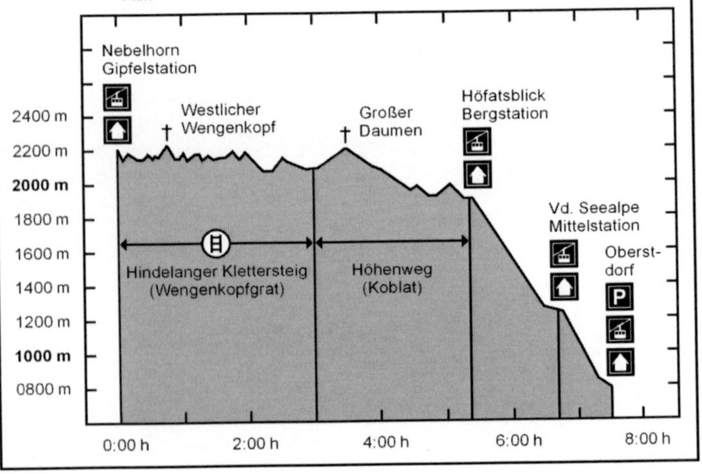
Nebelhorn
Gipfelstation
Westlicher
Wengenkopf
Großer
Daumen
Höfatsblick
Bergstation
Vd. Seealpe
Mittelstation
Oberst-
dorf
2400 m
2200 m
2000 m
1800 m
1600 m
1400 m
1200 m
1000 m
0800 m
Hindelanger Klettersteig
(Wengenkopfgrat)
Höhenweg
(Koblat)
0:00 h
2:00 h
4:00 h
6:00 h
8:00 h

● 02 Westl. Wengenkopf (2236 m), Östl. Wengenkopf (2206 m) und Großer Daumen (2280 m) via Hindelanger Klettersteig

ab Nebelhorn (Gipfelstation) in den Allgäuer Alpen

Schwierigkeit	■■■■□□□□
Kondition	■■■□□□□□
Exponiertheit	■■■■■■□□

○ Geografische Informationen:

Im nordwestlichen Bereich der Allgäuer Alpen findet man mit dem Nebelhorn (2224 m) einen touristisch vollständig erschlossenen Gipfel. Der Berg sendet in nordöstlicher Richtung einen Grat zum Großen Daumen (2280 m) aus, der in den beiden Wengenköpfen (2236 m bzw. 2206 m) seine markantesten Kulminationspunkte findet. Dieser raue Kamm bricht nach Norden in das hintere Retterschwanger Tal ab und wird im Süden vom Hochplateau Koblat begleitet. Bereits in den 70iger Jahren erbaute die DAV-Sektion Allgäu / Immenstadt den Hindelanger Klettersteig auf der reizvoll zerrissenen Gratschneide.

○ Schwierigkeiten (geh- und klettertechnisch):

Die sehr beliebte Gratbegehung zwischen Nebelhorn (2224 m) und Großem Daumen (2280 m) verläuft - als mittelschwerer Klettersteig - stark (teilweise sehr stark) ausgesetzt über einen zerklüfteten Felskamm mit vielen Scharten. Einzelstellen sind etwas anspruchsvoller. Diverse Abschnitte des Grats verblieben ungesichert - besonders gefährliche Passagen wurden jedoch mit Drahtseilen oder Leitern versehen. Der technische Anspruch ist konform zur **Klassifizierung I - II (UIAA) bzw. B/C**. Insgesamt ist nur mäßige Armkraft notwendig. Drei Abstiegsmöglichkeiten vom Grat und die Stationen der Nebelhornbahn erlauben eine beliebige Variation des konditionellen Anspruchs. Nur für absolut trittsichere und schwindelfreie Geher mit alpiner Erfahrung!

○ Gehzeiten (ohne Pausen):

+ 0:45 h	Nebelhorn (Gipfelstation) - Westl. Wengenkopf
+ 1:00 h	Westl. Wengenkopf - Östl. Wengenkopf
+ 1:45 h	Östl. Wengenkopf - Großer Daumen
+ 1:45 h	Großer Daumen - Höfatsblick (via Koblat)
+ 2:15 h	Höfatsblick - Oberstdorf (Talstation)

[insgesamt + 7:30 h Rundtour / bei Talfahrt mit der Nebelhornbahn insgesamt nur + 5:15 h]

○ Höhendifferenzen:

Die "rechnerisch ermittelbaren Höhendifferenzen" zwischen den Gipfeln sind aufgrund des hochgelegenen Startpunktes nicht relevant. Der Gratverlauf bietet jedoch zahlreiche Gegenanstiege, die in der Summe einer typischen Bergwanderung entsprechen! Für den Schluss-Abstieg (alternativ per Bahn) ins Tal gilt:

- 351 hm Großer Daumen - Station Höfatsblick (via Koblat)
- 662 hm Station Höfatsblick - Station Vordere Seealpe
- 454 hm Station Vordere Seealpe - Oberstdorf (Talstation)

[– 1467 hm Abstieg]

o Besondere Gefahren / Ausrüstung:

Der Gratverlauf indiziert an verschiedenen Steilstufen eine **hohe Steinschlaggefahr** durch Personenauslösung. Es wird die Verwendung eines Helms empfohlen! Aufgrund der ausgesetzten **Abschnitte mit höherem Sturzrisiko** (u.a. abgetretener Fels und lehmige Stellen) ist zudem der Gebrauch eines Klettersteigsets zur Selbstsicherung sinnvoll. Von einer Begehung bei Nässe, Vereisung, Nebel oder Gewitterneigung wird abgeraten!

o Haupt-Stützpunkte:

Gipfelstation Nebelhorn (2224 m, privat bewirtschaftet)
Bergstation Höfatsblick (1929 m, privat bewirtschaftet)
Edmund-Probst-Haus (1929 m, Deutscher Alpenverein ↗ S. 20)
Mittelstation / Gasthaus Seealpe (1267 m, privat bewirtschaftet)

o Anreise:

Auf der Bundesstraße B 19 (u.a. über Immenstadt und Sonthofen) bis Oberstdorf (ausgewiesener Parkplatz unmittelbar bei der Nebelhornbahn). Das bekannte Wintersportzentrum kann auch per Linienbus oder Bahn (kurzer Fußweg zur Talstation) erreicht werden. Innerhalb der Gemeinde verkehren Ortsbusse.

Erste Leiter am Hindelanger Klettersteig (02-001)

BC **02-001 Übergang zum Westlichen Wengenkopf:** Nachdem wir mit der dreifach unterteilten *Nebelhornbahn* (insofern zwei Umsteigepunkte) bis zum Gipfel des *Nebelhorns* (2224 m) aufgefahren sind, gehen wir über eine Treppe zur unteren Terrasse der gastronomischen Einrichtung (Wegweiser "Hindelanger Klettersteig"). Ein künstlich gestufter Pfad führt uns durch einen Sattel und es beginnt sogleich ein schrofferer Anstieg (ungesichert), der schon ein wenig ausgesetzt ist und die erste Stelle I beinhaltet. Die Wegspur zieht kurz in die rechte Flanke und ist an zwei glatten Positionen gesichert. Im Gehgelände wird die nächste Einsenkung passiert. Hinter einer Zinne wartet eine Leiter, deren Fuß auf einem gesicherten Felseck steht. Wir klettern die eiserne Stiege (8 m, fast senkrecht, stark exponiert) hinauf und gelangen mit einem Tritt auf die Verankerungsstrebe wieder zum Fels. Es folgt ein ungesicherter Grat - rechter Hand kann man auf die Stationen der Skilifte hinab schauen.
Eine Schrägleiter (4 m) führt uns in eine Scharte und ein Drahtseil leitet wieder nach oben. Über eine Blockstufe (ungesichert) gelangen wir in den letzten Sattel und steigen schließlich 35 hm zum Gipfelkreuz (2236 m) hinauf. Hier bietet sich (wie auf dem gesamten *Wengenkopfgrat*) eine umfassende Aussicht u.a. über das beeindruckende Gipfelmeer der *Allgäuer Alpen*. Der nördliche Tiefblick ins *Retterschwanger Tal* mit der *Rotspitze* (2034 m) ist nicht zu verachten - im Südosten dominiert die pyramidenförmige Silhouette des *Hochvogels* (2592 m).

BC **02-002 Übergang zum Östlichen Wengenkopf:** An drei kurzen Sicherungen klettern wir in einen Sattel hinab - hier befindet sich die erste Abstiegsmöglichkeit (Wegweiser "Hochplateau Koblat / Giebelhaus bzw. Nebelhornbahn Station Höfatsblick"). Der *Hindelanger Klettersteig* kann dementsprechend im Sinne einer "Schnupperrunde" ohne Probleme verlassen werden. Wir folgen jedoch dem weiteren Gratverlauf, welcher nun schärfer und sehr luftig wird. Einzelne Drahtseile wechseln mit ungesicherten Abschnitten in leichter Kletterei - eine nicht allzu steile Leiter (4 m) ist zu absolvieren. Die nächste Stiege (10 m, senkrecht) leitet nach unten und wir bewegen uns in exponierter Lage (gesichert) an einer Felswand entlang. In einer Scharte befindet sich schließlich die zweite Abstiegsmöglichkeit (Wegweiser). Der weitere Felskamm schwenkt nun ein wenig aus der bisherigen Richtung aus.
Unmittelbar hinter dem Abzweig erreichen wir eine Schrägleiter (20 m, nur rechts exponiert), die in einer Verschneidung verläuft. Nachdem wir mit ihrer Hilfe den Grat zurück erobert haben, kommen wir an einem auffälligen Felsamboss vorbei. Über schräge Platten (gesichert) erreichen wir bald einen grasigen Abschnitt und besteigen schließlich die unscheinbare Gipfelkuppe des *Östlichen Wengenkopfes* (2206 m).

BC

02-003 Übergang zum Großen Daumen: Über weitere Platten und Absätze gelangen wir erneut zu einer steilen Leiter (6 m), welche im Abstieg absolviert werden muss. Es folgt ein besonders schmaler (entsprechend exponierter) Grat, der nach unten (vollständig gesichert) abzuklettern ist. Mit relativ deutlichem Höhenverlust wird die nächste Scharte durchschritten. Vor dem Gegenanstieg zweigt die dritte Abstiegsmöglichkeit zum *Koblat* (kein Wegweiser!) ab. Die verkürzende Route verläuft unmarkiert durch eine recht steile Geröllrinne mit höherer Steinschlaggefahr. Erst in der Graszone sind deutliche Pfadspuren sichtbar.
Auf dem *Hindelanger Klettersteig* verbleibend, steigen wir auf den folgenden Gratblock. Schräge Felsplatten werden nochmals anspruchsvoller mittels Trittstiften passiert. Nach geraumer Zeit kommt es letztlich zum Zusammenschluss mit dem Normalweg, welcher vom *Koblat* herauf zieht. Der Gipfel des *Großen Daumens* (2280 m) kann nun (relativ problemlos) erstiegen werden.

▶

02-004 Rückweg zur Station Höfatsblick: Wir gehen zurück zur Gabelung und nutzen nun den angesprochenen Normalweg, der auf das *Koblat* (Hochplateau) führt. Ein Bergpfad leitet uns im welligen Gelände (südöstlich unterhalb des *Wengenkopfgrats*) zur Station *Höfatsblick* (1929 m, Nebelhornbahn) bzw. zum unmittelbar benachbarten *Edmund-Probst-Haus* (1929 m). Die Gebäude verstecken sich hinter einer letzten Geländerippe. Insgesamt ist die Route problemlos - es müssen lediglich ein paar steinige Abschnitte überschritten werden. Die sehr kurzen Gegenanstiege sind, aus konditioneller Sicht, nicht relevant.

Edmund-Probst-Haus, 1929 m [DAV Allgäu-Immenstadt]
Lage: am Nebelhorn / Station Höfatsblick, 54 Betten / 54 Lager, bewirtschaftet im Sommer ca. Pfingsten bis Mitte Oktober,
☎ 0049/(0)8322/4795 (Htt.), 🖥 www.dav-allgaeu-immenstadt.de

▶

02-005 Abstieg nach Oberstdorf: Wir wandern direkt am *Edmund-Probst-Haus* (1929 m) vorbei (sofern wir auf die Talfahrt mit der Seilbahn verzichten wollen - an schönen Bergtagen kann sich hier nachmittags eine Warteschlange von 100 bis 200 Personen befinden) und begeben uns auf den asphaltierten Fahrweg (Wegweiser). Steilere Serpentinen winden sich nun (zuerst im Bereich eines Sessellifts) in das Tal des *Faltenbachs* hinab - erst bei einem Pumpwerk lässt das Gefälle nach. Bald wird das Gasthaus *Vordere Seealpe* (1267 m, Mittelstation der *Nebelhornbahn*) passiert. Der abkürzende Verbindungsweg (rechts vom Gebäude) besitzt keinen künstlichen Belag - letztlich treffen wir aber wieder auf die ursprüngliche Straße, die uns zum Auslauf der *Schattenberg-Schanzen* und nach *Oberstdorf* (813 m) bringt. Die Talstation der *Nebelhornbahn* ist ausgewiesen.

Westlicher Wengenkopf (02-001 / 02-002 - Ansicht von Osten)

- Alternativen:

  a. Talfahrt für konditionsschwache Geher mit der *Nebelhornbahn* ab *Höfatsblick* (1929 m) oder ab *Vorderer Seealpe* (1267 m).
  b. Zwischen *Großem* (2280 m) und *Kleinem Daumen* (2190 m) nordwestlicher (steiler) Abstieg über die *Haseneckalmen* (1690 m) ins *Retterschwanger Tal* und hier problemlos weiter nach *Bad Oberdorf* (822 m, Linienbus) bzw. *Hindelang* (825 m, Linienbus).
  c. Sehr anstrengende Verlängerung des *Hindelanger Klettersteigs* über die *Hohen Gänge* (mäßig schwieriger Klettersteig) nach *Bad Oberdorf* (822 m, Linienbus) bzw. *Hindelang* (825 m, Linienbus). Insofern hinter der *Oberen Haseneckalm* (1690 m, deutlicher Höhenverlust!) wieder empor zur *Rotspitze* (2034 m) und östlich über den teils gesicherten Grat auf den *Breitenberg* (1898 m) mit anschließendem Talabstieg. Nur für sehr konditionsstarke Geher!
  d. Zwischen *Großem* (2280 m) und *Kleinem Daumen* (2190 m) östlicher Abstieg via *Engeratsgundsee* (1876 m) in Richtung *Giebelhaus* (1067 m, Linienbus, lediglich Berggasthaus - keine Unterkunft) oder *Hinterstein* (866 m, Linienbus) im *Ostrachtal*.

- Buch-Tipp:

  Wer sich für weitere Bergtouren in der Region *vom Kleinwalsertal über Oberstdorf bis zum Tannheimer Tal* interessiert, dem sei das Buch **Bergwanderungen, Gipfelziele und Höhenwege in den Allgäuer Alpen** vom gleichen Autor empfohlen. Es sind 60 besonders erlebnisreiche Routen, wie etwa auf den *Hohen Ifen* oder den *Großen Widderstein* enthalten. Bezugshinweis ↗ S. 72.

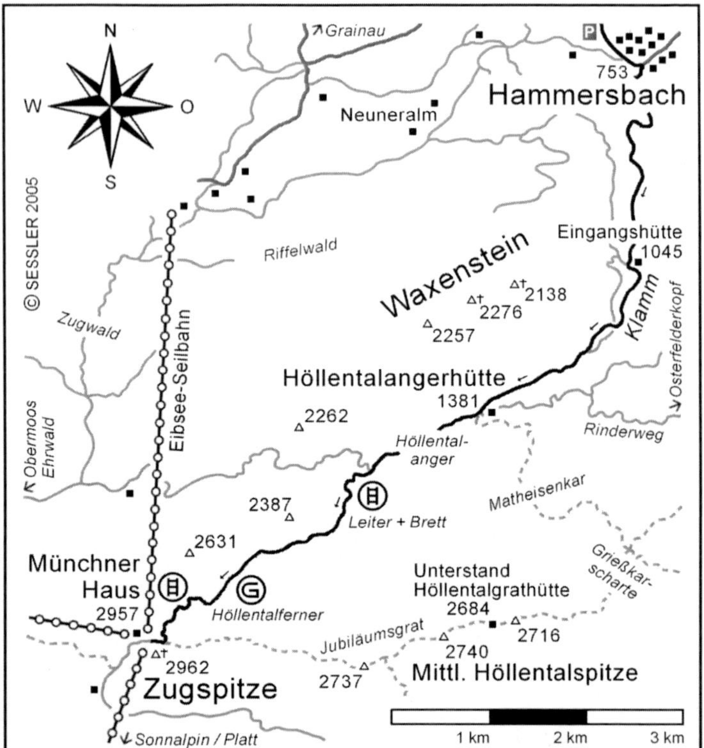
N
W
O
S
© SESSLER 2005
↗Grainau
Neuneralm
753
Hammersbach
Riffelwald
Waxenstein
2138
2276
2257
Eingangshütte
1045
Klamm
Osterfelderkopf
Zugwald
Eibsee-Seilbahn
Höllentalangerhütte
1381
2262
Rinderweg
Obermoos
Ehrwald
Höllental-
anger
Matheisenkar
2387
Leiter + Brett
2631
Münchner
Haus
2957
Höllentalferner
Unterstand
Höllentalgrathütte
2684
Grießkar-
scharte
Jubiläumsgrat
2716
2740
2962
Zugspitze
2737
Mittl. Höllentalspitze
Sonnalpin / Platt
1 km
2 km
3 km

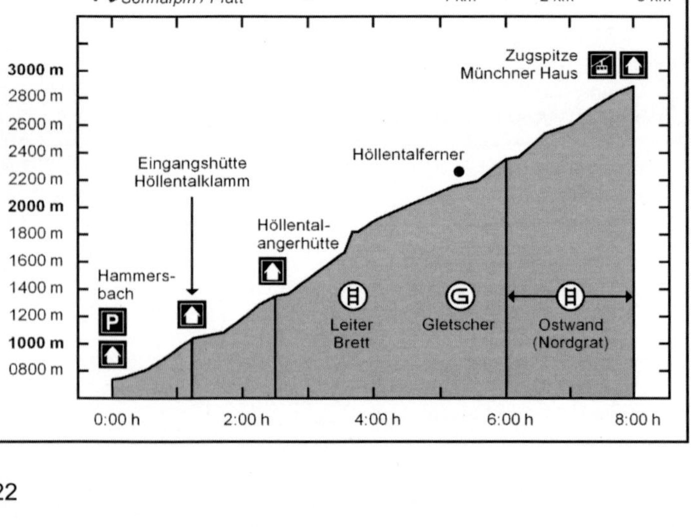
3000 m
2800 m
2600 m
2400 m
2200 m
2000 m
1800 m
1600 m
1400 m
1200 m
1000 m
0800 m
Zugspitze
Münchner Haus
Höllentalferner
Eingangshütte
Höllentalklamm
Höllental-
angerhütte
Hammers-
bach
Leiter
Brett
Gletscher
Ostwand
(Nordgrat)
0:00 h
2:00 h
4:00 h
6:00 h
8:00 h

● 03 **Zugspitze (2962 m) via Höllentalklamm und Höllentalsteig**
ab Hammersbach im Wettersteingebirge

Schwierigkeit	■■■■■□□□
Kondition	■■■■■■■■
Exponiertheit	■■■■■□□□

○ Geografische Informationen:

Die touristisch sehr beliebte Zugspitze (2962 m, höchster Gipfel Deutschlands) ist am westlichen Rand des Wettersteingebirges positioniert - an diesem bedeutenden Punkt treffen (aus östlicher bzw. nordöstlicher Richtung) der Jubiläums- bzw. Höllentalgrat (u.a. mit den Höllentalspitzen) und der Waxensteinkamm (u.a. mit den Riffelköpfen) zusammen. Zwischen diesen beiden Bergketten aus Wettersteinkalk befindet sich das wildromantische Höllental, welches mit seiner Klamm und dem Ferner (Gletscher) zwei reizvolle Naturschauspiele bereit hält. Ein dritter Flügel zeigt zur Wettersteinspitze (2746 m) - südöstlich wird das Zugspitzplatt eingerahmt. Der lange und erlebnisreiche Klettersteig durch das Höllental wurde bereits 1893 angelegt und gehört zu den interessantesten Unternehmungen in den nördlichen Alpen.

○ Schwierigkeiten (geh- und klettertechnisch):

Die klassische Besteigung der Zugspitze (2962 m) durch das Höllental entspricht in zwei Abschnitten einem mittelschweren Klettersteig - neben einer Steilstufe über dem Höllentalanger (Bügelaufstieg und Querung auf Stiften) wird auch die Ostwand des Nordgrates gesichert erklommen. Es sind Schwierigkeiten der **Klassifizierung I - II (UIAA) bzw. B bis B/C** zu erwarten. Die (zum Teil ausgesetzten) Klettersteig-Etappen sind ausreichend gesichert. Insgesamt ist nur wenig Armkraft notwendig. Im hinteren Tal muss mit dem Höllentalferner ein **Kar-Gletscher** erstiegen werden. Der gehtechnische Anspruch erhöht sich hier insbesondere bei ausgehärteter Oberfläche - insofern kann auch die **Randspalte** (Übergang vom Gletscher zur Felswand) problematisch sein. Nur für absolut trittsichere und schwindelfreie Geher mit alpiner Erfahrung!

○ Gehzeiten (ohne Pausen):

± 1:10 h	Hammersbach - Höllentalklamm (Eingang)
± 1:20 h	Höllentalklamm (Eingang) - Höllentalangerhütte
± 5:30 h	Höllentalangerhütte - Zugspitze (Gipfel)

[insgesamt ± 8:00 h Aufstieg, ± 6:00 h Abstieg]

Am Gipfel ist eine Übernachtung oder Talfahrt mittels Bergbahn möglich, so dass in der Regel nur die Aufstiegszeit relevant ist.

- Höhendifferenzen:

+	292 hm	Hammersbach - Höllentalklamm (Eingang)
+	336 hm	Höllentalklamm (Eingang) - Höllentalangerhütte
+	809 hm	Höllentalangerhütte - Gletscher (unteres Eisfeld)
+	772 hm	Gletscher (unteres Eisfeld) - Zugspitze (Gipfel)

[insgesamt + 2209 hm Aufstieg]

- Besondere Gefahren / Ausrüstung:

Der Verlauf des sparsam markierten Steigs indiziert eine **sehr hohe Steinschlaggefahr** - insofern ist die Verwendung eines Helms angezeigt! Aufgrund der ausgesetzten **Abschnitte mit höherem Sturzrisiko** (u.a. brüchiger Fels im Schlussanstieg) ist zudem der Gebrauch eines Klettersteigsets zur Selbstsicherung sinnvoll. Der teilweise steilere **Gletscher beinhaltet typische Gefahren** (Spalten, Randkluft) und muss unmarkiert (allenfalls sind Steigspuren sichtbar) überquert werden. Diesbezüglich wird der Gebrauch von Leichtsteigeisen bzw. Grödeln empfohlen. Bei entsprechender Aushärtung der Oberfläche sind derartige Hilfsmittel unverzichtbar! Besondere Gefahren birgt auch der sehr hohe **konditionelle Anspruch** - eine vorsorgliche Übernachtung auf der Höllentalangerhütte (1381 m) reduziert die Problematik. Von einer Begehung bei Nässe, Vereisung, Nebel oder Gewitterneigung wird abgeraten! In diesem Zusammenhang sollte auch die erhebliche Höhe des Ziels mit den entsprechenden Temperatur- und Wetterrisiken beachtet werden.

Mittleres Höllental (03-002 / 03-003 - Rückblick von der Geländestufe)

Das "Brett" - gesicherte Wandquerung auf Trittstiften (03-004)

- Haupt-Stützpunkte:

  Eingangshütte Klamm (1045 m, Deutscher Alpenverein ↗ S. 26)
  Höllentalangerhütte (1381 m, Deutscher Alpenverein ↗ S. 26)
  Münchner Haus (2957 m, Deutscher Alpenverein ↗ S. 29)

- Anreise:

  Auf der Straße 23 (u.a. von Garmisch-Partenkirchen) und einer ausgewiesenen Nebenstraße nach Hammersbach bei Grainau (Haltepunkt der Zugspitzbahn, zuvor etwas abgelegener Parkplatz hinter dem Bahnübergang westlich vom Ort).

▶ **03-001 Höllentalklamm:** Wir folgen der asphaltierten Straße, die in einem Bogen sogleich nach *Hammersbach* (753 m, Linienbus, Station der Zugspitzbahn) führt. Im Ort zweigt rechts (Wegweiser "Höllentalklamm") ein problemloser Weg ab, auf dem wir (zuletzt auf gutem Steig) zur *Eingangshütte* (1045 m) der *Höllentalklamm* wandern. Vor dem kleinen Gebäude nimmt rechter Hand der *Stangensteig* (Umgehung der Klamm, ↗ Alternative a, S. 29) seinen Anfang, wir halten uns jedoch links. Es ist ein Eintrittsgeld zu entrichten - der Obolus dient dem Erhalt der weiteren Wegführung in der Schlucht.
Wir überqueren den tosenden Wildbach auf zwei Stegen und durchschreiten verschiedene Tunnel, die zum Schutz gegen Steinschlag in den Fels gesprengt wurden. Die nassen (teilweise recht glatten) Röhren sind tagsüber beleuchtet und verfügen immer wieder über Fenster oder galerieartige Unterbrechungen. Im Bereich der "Engen Klamm" ist das Naturschauspiel nicht mehr zu übertreffen - der *Hammersbach* donnert mit ungezähmter Kraft

durch einen schmalen Schlund, der von senkrecht abstürzenden Felswänden gebildet wird. Das unvergessliche Spektakel endet nach ca. 1 km bei zwei weiteren Stegen - am anderen Ufer zieht nun auch der alternative *Stangensteig* herab und vereinigt sich mit unserer Wegführung.

Eingangshütte Höllentalklamm, 1045 m [DAV Garmisch-P.]
Lage: nördlicher Eingang zur Klamm, keine Übernachtung, bewirtschaftet im Sommer ca. Mitte Mai bis Mitte Oktober,
☎ 0049/(0)8821/8895 (Hütte), keine Internetadresse bekannt

▶ **03-002 Aufstieg zur Höllentalangerhütte:** Wir steigen (teilweise etwas steiler und steinig) in der nordwestlichen Flanke des *Höllentals* empor. Der Weg verläuft in den unteren Hängen der *Waxensteine* (2276 m / 2257 m / 2138 m) und ist zum größten Teil künstlich gestuft. Nach geraumer Zeit gelangen wir wieder auf die Höhenebene des Baches und wechseln das Ufer mittels Steg. Ein kleiner Wasserfall wird passiert und wir erreichen schnell die *Höllentalangerhütte* (1381 m), welche sich für eine Übernachtung (Reduzierung des Konditionsanspruches) anbietet.

Höllentalangerhütte, 1381 m [DAV München]
Lage: mittl. Höllental / unterhalb des Mathaisenkars, 57 Lager, bewirtschaftet im Sommer ca. Mitte Mai bis Ende September,
☎ 0049/(0)8821/8811 (Hütte), www.hoellentalangerhuette.de

▶ **03-003 Aufstieg zur Geländestufe:** Hinter der Alpenvereinshütte (Wegweiser "Zugspitze") überqueren wir den Geröllgrund und begehen einen relativ bequemen Pfad, welcher durch einen Baumbestand führt. Die bogenförmige Felswand über dem *Höllentalanger* (sie scheint das Tal zu beschließen) rückt deutlich ins Blickfeld und wir müssen bald ein paar rutschige Serpentinen ersteigen. Ein Wasserfall verbleibt links. Die Wegspuren leiten uns schließlich einen schroffen Hang hinauf und nach einer kurzen Sicherung stehen wir vor der nahezu senkrechten Wand.

BC **03-004 Leiter und Brett:** Der imposante (glatte) Felsriegel, der als Geländestufe das *Höllental* in zwei Ebenen unterteilt, wird zunächst auf einer nicht unterbrochenen Reihe von Eisenbügeln (gesichert) erstiegen. Der längere Abschnitt, welcher seit jeher als "Leiter" bezeichnet wird, führt uns recht ausgesetzt nach oben - die klettertechnische Schwierigkeit hält sich jedoch in Grenzen (die Klammern sind stets in Griffweite positioniert). Es folgt ein kurzer Übergang zum nächsten Highlight des Steigs.
Ein glattes, steil abfallendes Wandstück muss auf 30 Trittstiften gequert werden. Das gesicherte Wegsegment ist entsprechend ausgesetzt, erfordert gute Balance und wird in Bergsteigerkreisen als "Brett" tituliert.

03-005 Aufstieg zum Höllentalferner: Hinter dem "Brett" wird ein kurzes Geröllstück erstiegen und in leichter Kletterei (Stellen I, ungesichert) erobern wir die abschließende Ebene des Tals - schon hier (u.a. vom *Grünen Buckel*) lohnen Rückblicke in die felsumrahmte Schlucht. In unserer Gehrichtung beschränken nun zwei besonders unwirtliche Gratketten das Blickfeld (im Süden der *Jubiläums-* bzw. *Höllentalgrat*, im Nordwesten der kürzere *Waxensteinkamm* mit den *Riffelköpfen*), welche sich im hintersten Eck zur *Zugspitze* (2962 m) vereinigen.
Wir verlassen die Zone der Krummholzkiefern und folgen dem Pfad, der rechts vom Gletscherbach ansteigt. Nach etwas schrofferen Stellen leitet uns die Spur über feinen Schotter durch die nördlichen Hänge (Moränengelände). Das von Gestein bedeckte untere Eisfeld (2190 m) des Gletschers wird erreicht.

03-006 Höllentalferner: Bei der relativ kleinen Eisstruktur handelt es sich um einen Kar-Gletscher mit einer Dicke von ca. 100 m, dessen Substanz zum großen Teil von Lawinenresten gespeist bzw. erhalten wird. Obwohl die beiden begrenzenden Gratketten einen spitzen Winkel bilden und insofern eine intensive Sonneneinstrahlung weitgehend verhindern, ist langfristig mit dem Abschmelzen des *Höllentalferners* zu rechnen.
Wir betreten den Gletscher (oftmals sind Steigspuren sichtbar) und passieren zunächst einen flacheren Abschnitt. Der Anstieg verläuft mittig, denn gerade die Randzonen werden von durchaus gefährlichen Spalten durchschnitten (es empfiehlt sich ein Blick in die bewährte Alpenvereinskarte 4/2 "Wetterstein- und Mieminger Gebirge Mitte"). Nach einer steileren Stufe ziehen die Spuren

Höllentalferner und gesicherter Aufstieg zum Nordgrat (03-006 / 03-007)

nach rechts und wir gelangen (schräg querend, nordwestlich) zur Randspalte. Der Übertritt zur Felswand (Ostwand des Nordgrates) wird durch diverse Sicherungsvarianten erleichtert - die Passage der Kluft kann sich jedoch bei ungünstigen Eis-Verhältnissen (Ausaperung) als problematisch erweisen.

BC **03-007 Ostwand des Nordgrates:** Wir überschreiten (kurz ungesichert) eine terassenartige Geländestruktur und befinden uns sogleich wieder auf einem Klettersteig. Mit Hilfe einiger Stifte werden ausgesetzte Bänder erstiegen - es folgen diverse Bügel und eine stärker exponierte Querung. Nach einer etwas längeren Reihe von Eisenklammern passieren wir das obere Ende einer Rinne und steigen weitgehend problemlos an einer Rippe hinauf. Die Tiefblicke auf den *Höllentalferner* werden nun immer besser und die Positionierung der einzelnen Spalten lässt sich (bei entsprechenden Eis-Verhältnissen) gut erkennen.
Nach geraumer Zeit erreichen wir im schroffen (nur mäßig ausgesetzten) Felsgelände die *Irmerscharte* (2660 m) - hier ist erstmals ein Blick auf die andere Seite des wild zerklüfteten Kammes möglich. Der Tiefblick zum *Eibsee* (960 m), der in eine große Waldfläche eingebettet ist, kann durchaus als grandios bezeichnet werden. Schräg über uns ist bereits das bebaute Gipfelplateau der *Zugspitze* (2962 m) gut erkennbar.
Verwinkelte Rinnen mit lockerem Gestein leiten uns steil auf den *Jubiläumsgrat* hinauf. Hier wenden wir uns nach rechts und gelangen im gestuften Gehgelände zum Ostgipfel mit großem Kreuz. Wir haben den höchsten Berg Deutschlands auf einer ungewöhnlich erlebnisreichen Anstiegsroute erreicht.

Gipfelplateau und Touristenrummel am Münchner Haus (03-008)

AB **03-008 Übergang zum Plateau:** Von der Gipfelscharte leiten ein paar Bügel und eine Schrägleiter (4 m) gesichert zum betonierten Plateau hinüber. Die wenigen Meter sind für den geübten Geher nicht problematisch - eine durchaus relevante Gefahrenquelle stellen jedoch oftmals unsichere Ausflugstouristen dar, die es sich nicht nehmen lassen, zum Gipfelkreuz zu klettern.
Das Plateau ist eine (mit Geländer umgebene) Betonfläche - hier befinden sich die Endstationen von drei Seilbahnen, Imbissobjekte und das *Münchner Haus* (2957 m). Der Vergleich dieses Ortes mit den wilden Naturschauspielen des *Höllentals* drängt den Begriff eines bergsteigerischen "Kulturschocks" auf.

Münchner Haus, 2957 m [DAV München]
Lage: Zugspitze / gesichertes Gipfelplateau, 0 Betten / 30 Lager, bewirtschaftet im Sommer ca. Mitte Mai bis Ende September,
☎ 0049/(0)8821/2901 (Hütte), www.muenchner-haus.de

○ Alternativen:

a. Umgehung und luftige Überquerung der *Höllentalklamm* via *Stangensteig* (Abzweig vor der Eingangshütte). Die alternative Route trifft hinter der Klamm wieder mit dem üblichen Normalweg zusammen.
b. Bergfahrt mit der *Alpspitzbahn* zum *Osterfelderkopf* (2033 m) und konditionssparender Abstieg via *Rinderscharte* (2090 m) bzw. *Rinderweg* zur *Höllentalangerhütte* (1381 m).
c. Talfahrt von der *Zugspitze* (2962 m) mit der *Eibsee-Seilbahn* (*Bayerische Zugspitz-Seilbahn*) zum *Eibsee* (960 m).
d. Talfahrt vom *Zugspitzplatt* (neben dem steileren Abstiegsweg existiert diesbezüglich eine Verbindungsseilbahn zwischen Gipfel und Platt) mit der Zahnradbahn zum *Eibsee* (960 m) oder bis *Hammersbach* (753 m).
e. Der *Westweg* (*Stopselzieher*) ermöglicht eine Überschreitung der *Zugspitze* (2962 m, vorherige Übernachtung empfohlen) über das *Österreichische Schneekar* und die *Wiener-Neustädter-Hütte* (2209 m, OeTK) in den Raum *Ehrwald* (1000 m) bzw. zum *Eibsee* (960 m). Es handelt sich um einen mäßig schwierigen Klettersteig der Klassifizierung A/B.
f. Einfachster Abstieg über den Normalweg (vorherige Übernachtung empfohlen) via *Zugspitzplatt* und *Reintal* nach *Garmisch-Partenkirchen* (707 m).
g. Der anspruchsvolle *Jubiläumsgrat* (*Höllentalgrat*) zur *Alpspitze* (2628 m) wird in diesem Führer, aufgrund der deutlich höheren technischen Anforderungen (Stellen II - III) und der alpinen Gefahren, nicht empfohlen! Im Allgemeinen wird die Route nicht als Klettersteig klassifiziert (keine vollständige Sicherung der Gefahrenstellen)!

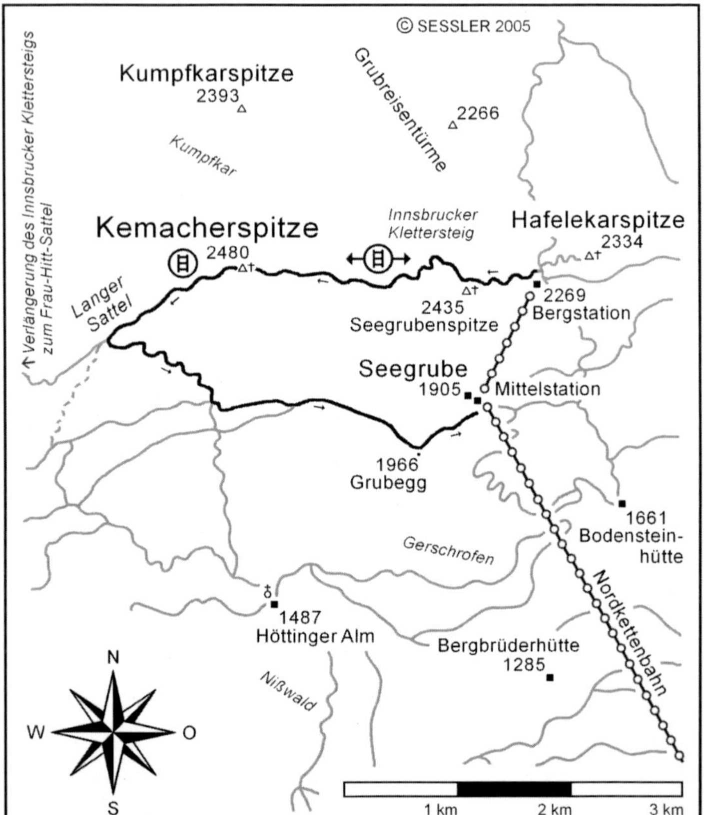
© SESSLER 2005
Kumpfkarspitze
2393
Grubreisentürme
2266
Kumpfkar
← Verlängerung des Innsbrucker Klettersteigs zum Frau-Hitt-Sattel
Kemacherspitze
2480
Innsbrucker Klettersteig
Hafelekarspitze
2334
Langer Sattel
2435
Seegrubenspitze
2269
Bergstation
Seegrube
1905
Mittelstation
1966
Grubegg
1661
Bodenstein-
hütte
Gerschrofen
Nordkettenbahn
1487
Höttinger Alm
Bergbrüderhütte
1285
Nißwald
N
W
O
S
1 km
2 km
3 km

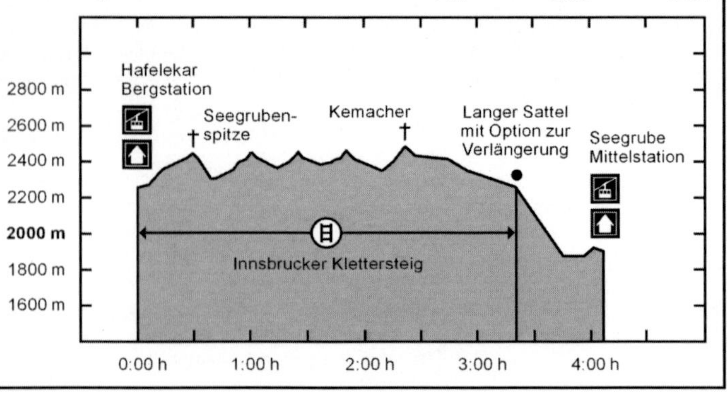
Hafelekar
Bergstation
Seegruben-
spitze
Kemacher
Langer Sattel
mit Option zur
Verlängerung
Seegrube
Mittelstation
2800 m
2600 m
2400 m
2200 m
2000 m
1800 m
1600 m
Innsbrucker Klettersteig
0:00 h
1:00 h
2:00 h
3:00 h
4:00 h

● **04 Seegrubenspitze (2435 m) und Kemacherspitze (2480 m) via Innsbrucker Klettersteig (kurze Runde: Abstieg Langer Sattel)**
ab Hafelekar (Bergstation) im Karwendelgebirge

Schwierigkeit	■■■■■□□□
Kondition	■■■□□□□□
Exponiertheit	■■■■■■□□

○ Geografische Informationen:

Das gut 1000 km^2 große Karwendelgebirge verteidigt sich nach Süden mit der Nordkette (die Bezeichnung "Nord" bezieht sich auf die Innsbrucker Sichtweise) gegen den Zivilisationsgroßraum des Inntals. Der lang gestreckte Kamm ist typisch für die Struktur des Karwendels - in seinem zentralen Bereich liegt (insofern zwischen Brandjoch- und Hafelekarspitze) der Kemacher (2480 m) mit einigen etwas kleineren Nachbargipfeln. Nördlich wird der sehr interessante Höhenzug von der Gleiersch-Halltal-Kette begleitet. Der Innsbrucker Klettersteig ermöglicht die gesicherte Begehung der Nordkette auf dem zerklüfteten Grat hoch über der gleichnamigen Stadt.

○ Schwierigkeiten (geh- und klettertechnisch):

Die sehr lohnende Gratüberschreitung der Nordkette auf dem Innsbrucker Klettersteig (ein mittelschwerer bis schwieriger Klettersteig) ist teilweise anspruchsvoller, da sie (stark) exponierte Steilstufen beinhaltet. Längere Abschnitte wurden mit Drahtseilen, Eisenklammern (im Sinne von Leitern) und Tritt- bzw. Griffstiften versehen. Der technische Anspruch der Route ist konform zur **Klassifizierung I - II (UIAA) bzw. B/C bis C**. Einzelne Passagen erfordern ein wenig Armkraft. In diesem Zusammenhang wird die Begehung in der hier beschriebenen Richtung empfohlen - bereits am Anfang des Steigs kann somit eine Schlüsselstelle (evtl. Entscheidung zum Abbruch, ↗ Punkt 04-002) erprobt werden. Nur für absolut trittsichere und schwindelfreie Geher mit alpiner Erfahrung!
Die Tour wird nachfolgend als "verkürzte" Rundtourvariante mit vorzeitigem Abstieg im Bereich Langer Sattel (2258 m) beschrieben. Die alternative (insofern übliche und vollständige) Fortsetzung der Begehung des Innsbrucker Klettersteigs via Westl. Sattelspitze (2339 m) und Frau-Hitt-Sattel (2270 m) beinhaltet nochmals anspruchsvollere Abschnitte (u.a. eine senkrechte Wandstelle mit leichtem Überhang). Die Summe aus Exponiertheit, Gehzeit und Anspruch würde tendenziell bereits zur Einstufung "schwierig" führen - aus diesem Grund wird in diesem Führer (der zur Beschreibung von mittelschweren Klettersteigen gedacht ist) primär die verkürzte Rundtour dargestellt.

- Gehzeiten (ohne Pausen):

+	2:20 h	Hafelekar (Bergstation) - Kemacherspitze
+	1:00 h	Kemacherspitze - Langer Sattel
+	0:50 h	Langer Sattel - Seegrube (Mittelstation)

[insgesamt + 4:10 h Rundtour]

- Höhendifferenzen:

Die "rechnerisch ermittelbaren Höhendifferenzen" zwischen den zu überschreitenden Gipfeln sind aufgrund der Kammlage nicht relevant. Der Gratverlauf bietet jedoch zahlreiche Gegenanstiege, die in der Summe einer typischen Bergwanderung entsprechen!

+	166 hm	Hafelekar (Bergstation) - Seegrubenspitze
+	045 hm	Seegrubenspitze - Kemacherspitze
–	222 hm	Kemacherspitze - Langer Sattel
–	353 hm	Langer Sattel - Seegrube (Mittelstation)

[+ 211 hm Aufstieg, – 575 hm Abstieg]
Die Gegenanstiege am Grat sind nicht inkludiert!

Östliche Schlüsselstelle am Innsbrucker Klettersteig (04-002)

- Besondere Gefahren / Ausrüstung:

  Der gut nachvollziehbare Gratverlauf indiziert an vielen Steilstufen eine **hohe Steinschlaggefahr** durch Personenauslösung. Es wird die Verwendung eines Helms empfohlen! Stark ausgesetzte **Abschnitte mit höherem Sturzrisiko** (u.a. abgetretener bzw. brüchiger Fels) erfordern den Gebrauch eines Klettersteigsets zur Selbstsicherung! Von einer Begehung bei Nässe, Vereisung, Nebel oder Gewitterneigung wird abgeraten! Die alten Notabstiege bei der Seufzerbrücke bzw. Steinkarscharte waren bei der Kontrollbegehung kaum auffindbar und wenig brauchbar!

- Haupt-Stützpunkte:

  Bergstation / Hafelekarhaus (2269 m, privat bewirtschaftet)
  Mittelstation / Berghotel Seegrube (1905 m, privat bewirtschaftet)

- Anreise:

  Auf der A 12 (Inntalautobahn) oder der Straße 171 nach Innsbruck (Linienbus, Bahnhof). Nördlich aufwärts zur ausgewiesenen Talstation (Parkplatz) der Nordkettenbahn. In der Nähe endet die Hungerburgbahn (Zahnradbahn), so dass auch eine Auffahrt aus der unteren (zentrumsnahen) Ortslage von Innsbruck möglich ist.

04-001 Übergang zum Steigbeginn: Nach der Auffahrt mit der *Nordkettenbahn* passieren wir das Gebäude der Bergstation *Hafelekar* und wenden uns dahinter nach links (bei der Kontrollbegehung befand sich hier kein Wegweiser für diese Richtung). Eine gute Wegspur (insofern nicht zu übersehen, teils künstlich gestuft) führt uns in wenigen Minuten oberhalb einer alten Hütte zum östlichen Einstieg (Hinweistafel) des *Innsbrucker Klettersteigs*.

C

04-002 Seegrubenspitze: Die interessante Gratüberschreitung beginnt mit einer senkrechten Wandstufe (25 m), welche mit Hilfe von wenigen Eisenbügeln und Stiften erklettert werden muss. Der stark ausgesetzte Abschnitt entspricht einer Schlüsselstelle und ist (im Rahmen der hier beschriebenen "verkürzten" Rundtour) eine der anspruchsvollsten Stellen des Steigs. Die anfängliche Mutprobe endet mit einem Übergang in weniger exponiertes Gelände (I - II). Oberhalb einer recht schmalen Rinne passieren wir schließlich das erste Gipfelkreuz des *Innsbrucker Klettersteigs* - es handelt sich um die *Seegrubenspitze* (2435 m). Die Aussicht zur *Seegrube* (1905 m), ins dicht besiedelte *Inntal* (574 m) und über dieses hinweg ist bereits grandios und sucht seinesgleichen.

BC

04-003 Kaminspitzen und Seufzerbrücke: Unmittelbar nach der *Seegrubenspitze* (2435 m) leitet uns die Spur relativ harmlos um ein Felseck herum und wir steigen in den ersten Sattel hinab. Ein ausgewaschener Pfad (teils künstlich gestuft) führt sogleich

Gesicherter Grat bei den Kaminspitzen (04-003)

wieder empor. Kurz querend steigen wir nun im Bereich einer Materialseilbahn nach oben - bei einem Stützpfosten erwartet uns eine Bügelreihe. Es folgt eine kleine (aber doch recht glatte) Felsplatte und eine weitere Abfolge von Eisenklammern.
Die weitere Überschreitung der *Kaminspitzen* (2432 m, 2435 m, 2445 m) beinhaltet zunächst ein kurzes Gratstück zu einem Gipfelkreuz hoch über der gut sichtbaren Mittelstation (1905 m) der *Nordkettenbahn*. Bald schwenkt die Route kurz nach rechts aus und wir überschreiten querend einige Bügel und Stifte. Absteigend gelangen wir schließlich zu einer anspruchsvolleren Steilstufe mit 13 weiteren Klammern, welche über einer tiefen Rinne angebracht wurden. Wenige Stifte helfen nochmals um ein plattiges Eck herum - letztlich steigen wir ohne weitere Tritthilfen zur *Seufzerbrücke* hinab. Die frei schwingende Konstruktion (Stahlseilhängebrücke, 7 m) ermöglicht die sichere Passage einer kleinen Gratkerbe. Der felsige Übertritt zur ersten Planke ist sehr schmal - die Brücke sollte einzeln begangen werden!

BC **04-004 Kemacherspitze:** Nach kurzer Zeit steigen wir (nochmals anspruchsvoll) in eine Scharte hinab, wobei im unteren Bereich keine Tritthilfen vorhanden sind. Sogleich führen die Drahtseile wieder nach oben und es muss mühsam ein kleiner Gratkopf (II) erklettert werden. Hinter der nächsten Einsenkung erwartet uns schließlich ein natürlich gestufter Schrofenhang, welcher (von einer kurzen Querung unterbrochen) problemlos zum wuchtigen Gipfelkreuz der *Kemacherspitze* (2480 m) führt.

BC **04-005 Langer Sattel:** Die *Kemacherspitze* (2480 m) wird wieder verlassen und wir steigen in westlicher Richtung abwärts. Schon bald gelangen wir zu einem Gratstück (5 m), welches sehr stark exponiert ist und mit zwei Sicherungsseilen versehen wurde - gerade hier sollte das Klettersteigset sorgfältig verwendet werden! Nach einer leichten Kletterei im Abstieg wird das Gelände einfacher. Der Boden ist nun von Grasmatten überzogen und unser Pfad präsentiert sich als lehmige (rutschige) Wegspur. Ein normaler Bergsteig leitet letztlich in den *Langen Sattel* (2258 m), der seinem Namen alle Ehre macht. Während auf der anderen Seite der *Innsbrucker Klettersteig* wieder in Serpentinen nach oben zieht, suchen wir uns (im Rahmen dieser mittelschweren Variante) den südöstlichen Abstiegsweg (Markierung auf Stein).

▶ **04-006 Seegrube:** Ein typischer Bergsteig führt uns in rutschigen Kehren nach unten. Der Pfad schwenkt nach Osten und wir queren mühelos die großen Karhänge des eindrucksvollen Höhenzuges. Hinter einer kleineren Liftstation (schon von weitem sichtbar) versteckt sich die Mittelstation der *Nordkettenbahn* in der *Seegrube* (1905 m) und wir befinden uns wieder im Hoheitsgebiet der Ausflugstouristen.

o Alternativen:

a. Individueller Abstieg von der Mittelstation *Seegrube* (1905 m) zur Talstation *Innsbruck / Hungerburg* (868 m) mit Anschluss zur *Hungerburgbahn* (Zahnradbahn) für konditionsstarke Geher.
b. Die anspruchvolle und sehr stark exponierte Fortsetzung des *Innsbrucker Klettersteigs* vom *Langen Sattel* (2258 m) u.a. via *Westl. Sattelspitze* (2339 m) und *Frau-Hitt-Sattel* (2270 m) wird in diesem Führer, aufgrund der erhöhten Schwierigkeitseinstufung, nicht empfohlen! Die Summe aus Exponiertheit, Gehzeit und Anspruch würde bereits zur Klassifizierung "schwierig" führen.

Stahlseilhängebrücke "Seufzerbrücke" (04-003)

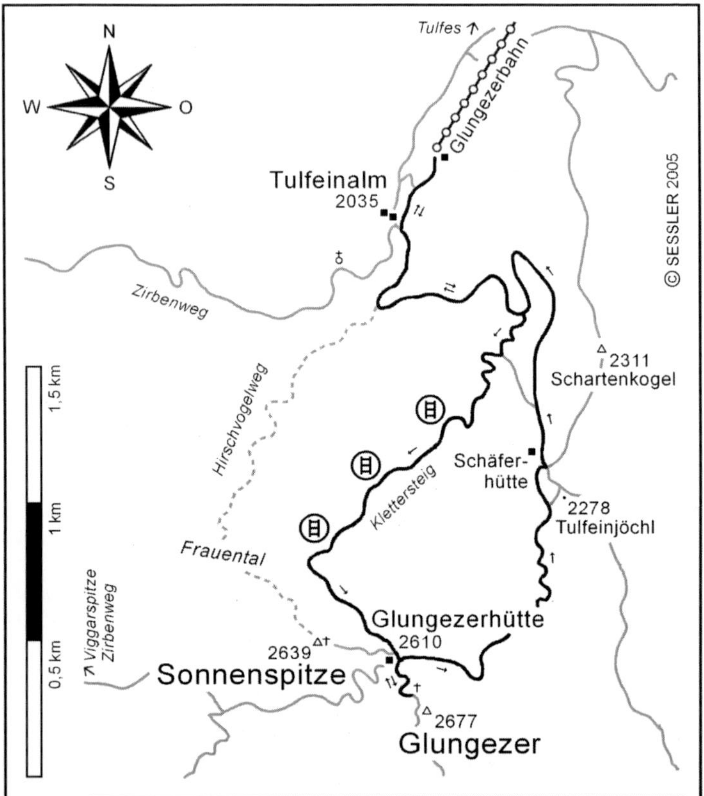
N
W
O
S
Tulfes
Glungezerbahn
Tulfeinalm
2035
Zirbenweg
Hirschvogelweg
Klettersteig
2311
Schartenkogel
Schäfer-
hütte
2278
Tulfeinjöchl
Frauental
Viggarspitze
Zirbenweg
Glungezerhütte
2610
2639
Sonnenspitze
2677
Glungezer
0,5 km
1 km
1,5 km
© SESSLER 2005

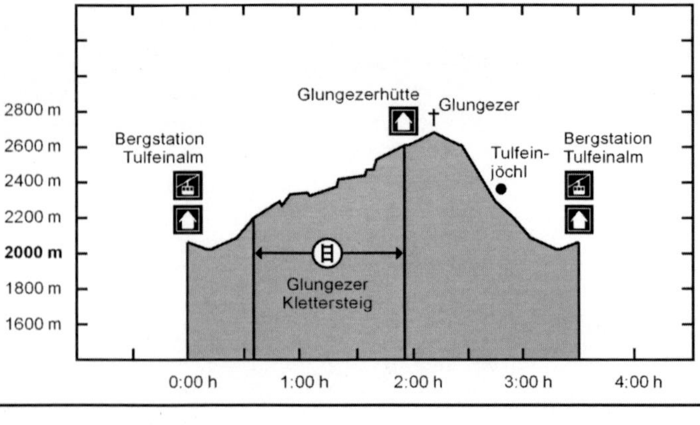
2800 m
2600 m
2400 m
2200 m
2000 m
1800 m
1600 m
Bergstation
Tulfeinalm
Glungezerhütte
Glungezer
Tulfein-
jöchl
Bergstation
Tulfeinalm
Glungezer
Klettersteig
0:00 h
1:00 h
2:00 h
3:00 h
4:00 h

● 05 Glungezer (2677 m) via Klettersteig zur Glungezerhütte
ab Tulfeinalm in den Tuxer Alpen

Schwierigkeit	■■■■■□□□
Kondition	■■■□□□□□
Exponiertheit	■■■□□□□□

○ Geografische Informationen:

Der recht behäbig wirkende Glungezer (2677 m) ist einer der bedeutendsten Gipfel in den Tuxer Alpen (im Bezug auf die Zillertaler Alpen auch Tuxer Voralpen genannt), welche das Inntal von der Mündung der Ziller bis nach Innsbruck (574 m) südseitig begrenzen. Im Westen senkt sich der Kamm zum Patscherkofel (2248 m) ab. Der Name des Berges ist vom mundartlichen Begriff "gluggezen" abgeleitet, was hier sinngemäß "glucksendes" Schmelzwasser unter dem Blockwerk der Hänge bezeichnet. Im Jahr 1989 wurde der Glungezer-Klettersteig als interessante Variante zum östlich verlaufenden Normalweg angelegt.

○ Schwierigkeiten (geh- und klettertechnisch):

Die Besteigung des Glungezers (2677 m) über den Klettersteig zur Glungezerhütte (2600 m) beinhaltet die Begehung eines grob strukturierten Blockwerk-Hanges mit fest verkeiltem Gestein. Einzelstellen der Route haben Klettersteigcharakter, sind insofern deutlich anspruchsvoller (teils kleingriffig) und entsprechen der **Klassifizierung I - III (UIAA) bzw. B/C bis C**. Die relevanten Abschnitte sind stets kurz, gut gesichert und bieten verschiedene Überraschungen. Teilweise ist eine Umgehung möglich. Einige Positionen erfordern etwas Armkraft. Nur für trittsichere und schwindelfreie Geher mit alpiner Erfahrung!

○ Gehzeiten (ohne Pausen):

+ 0:10 h	Bergstation Glungezerbahn - Tulfeinalm
+ 1:45 h	Tulfeinalm - Glungezerhütte
+ 0:15 h	Glungezerhütte - Glungezer
+ 1:20 h	Glungezer - Bergstation Glungezerbahn

[insgesamt + 3:30 h Rundtour]

○ Höhendifferenzen:

– 024 hm	Bergstation Glungezerbahn - Tulfeinalm
+ 575 hm	Tulfeinalm - Glungezerhütte
+ 067 hm	Glungezerhütte - Glungezer
– 399 hm	Glungezer - Tulfeinjöchl
– 243 hm	Tulfeinjöchl - Tulfeinalm
+ 024 hm	Tulfeinalm - Bergstation Glungezerbahn

[+ 666 hm Aufstieg, – 666 hm Abstieg]

o Besondere Gefahren / Ausrüstung:

Der Verlauf des markierten Steigs indiziert eine **nur mäßige Steinschlaggefahr** - dennoch wird die Verwendung eines Helms empfohlen! Aufgrund der **Klettersteigpositionen mit höherem Sturzrisiko** (u.a. anspruchsvollere Wandstellen) ist zudem der Gebrauch eines Klettersteigsets zur Selbstsicherung sinnvoll. Von einer Begehung bei Nässe, Vereisung, Nebel oder Gewitterneigung wird abgeraten!

o Haupt-Stützpunkte:

Tulfeinalm (2035 m, privat bewirtschaftet)
Glungezerhütte (2610 m, Österreichischer Alpenverein ↗ S. 41)

o Anreise:

Auf der A 12 (Inntalautobahn, Ausfahrt Hall Mitte) oder der Straße 171 nach Hall in Tirol (Linienbus, Bahnhof). Südlich auf einer Verbindungsstraße nach Tulfes (Linienbus) und zur Talstation der Glungezerbahn (Parkplatz) am südöstlichen Ortsrand.

Markanter Felskopf am Beginn des Klettersteigs zum Glungezer (05-002)

Kaminartiger Aufschwung (05-003)

05-001 Aufstieg zum Abzweig des Steigs: Hinter der kleinen Bergstation der *Glungezerbahn* (2059 m, Sessellift) begeben wir uns auf den bequemen Fahrweg, der uns schnell zur *Tulfeinalm* (2035 m) führt. Wir passieren das Gebäude (hier geht rechter Hand der bekannte *Zirbenweg* ab) und folgen weiterhin der ansteigenden Almstraße (Wegweiser "Glungezer"). Der weitere Routenverlauf führt uns unter einer Seilbahn hindurch. Bald zweigt rechts ein Pfad ab - es handelt sich um den *Hirschvogelweg* (Wegweiser "Glungezer, Frauental, Sonnenspitze"), welchen wir nicht benutzen. Unser Fahrweg (Wegweiser "Glungezerhütte") kreuzt vielmehr eine weitere Lifttrasse und leitet schnell zum unscheinbaren Endpunkt dieser Wintersportanlage. Erst hier begeben wir uns auf eine abgehende Pfadspur (Wegweiser "Klettersteig / Glungezerhütte").
Der Steig zieht schräg den Hang hinauf und wir müssen zunächst einige größere Gesteinsplatten überschreiten. Die Routenführung wird nun kurzzeitig steiler (erdig, rutschig) und leitet wiederum in den Bereich der erstgenannten Seilbahn. Wir gehen unter ihr hindurch. Etwa 30 m hinter dem Stützpfeiler "8" zweigt der Klettersteig rechts ab - insofern gehen wir über Gras zu den Felsen hinüber (hier befindet sich ein roter Markierungspfeil).

BC **05-002 Spalt und Durchschlupf:** Wir begeben uns in das grob verkeilte Blockwerk, gehen an einem kleinen Felskopf vorbei und steigen einen recht glatten Abschnitt (I, ungesichert) hinauf. Die Markierungen und Stangen führen uns schnell in ein rippenartiges Gelände, wo ein rückwärtig abbrechender Felsen umgangen wird.

Hinter einem mannsbreiten Durchgang folgt der Zwischenabstieg in einen Graben, welcher durchquert werden muss. Auf der anderen Seite geht es wieder nach oben und wir erreichen die erste Sicherung.
Eine kleintrittige Querung (3 m) erlaubt den überraschenden Blick in einen Hohlraum. Wir klettern über zwei Stifte nach oben und absolvieren in schräger Steigung eine glatte Felsplatte. Hier endet das Drahtseil (der Abschnitt kann vor der Querung links über eine ebenfalls markierte Rinne umgangen werden).
Nach kurzem Gehgelände kommen wir zu einem Durchschlupf, in welchen man recht mühsam nach unten einsteigen muss. Die höhlenartige Passage ist sehr eng, so dass beleibte Personen vor eine gewisse Problematik gestellt werden. Es ist jedoch auch hier eine markierte Umgehung möglich. Beide Varianten führen erneut in leichteres Gehgelände.

C **05-003 Kamin:** Die Markierungen leiten uns an einem Pfeiler der zur *Glungezerhütte* führenden Materialseilbahn vorbei und wir steigen etwas steiler zu einer kleinen Felswand hinauf. Sogleich erwartet uns eine kaminartige Position. An natürlichen Griffen klettern wir anspruchsvoll und eingeengt 4 m (II - III, gesichert) nach oben. Bald folgt eine kurze ungesicherte Stelle (II).

BC **05-004 Steilwand:** Wir steigen schnell zur nächsten wandartigen Aufschichtung empor und folgen dem Drahtseil. Nach einem Stift folgt blanker Fels, wobei die Route in eine kurze Querung übergeht. Nun klettern wir ansteigend schräg um die Geländestufe herum und gelangen so in einen relativ schroffen (ungesicherten) Abschnitt. Nach 10 m folgt wiederum eine kurze gesicherte Querung und wir steigen (teils recht steil) ohne Tritthilfen weiter nach oben. Die letzte (insofern auch längste) gesicherte Strecke ist absolviert und wir haben bereits einen schönen Blick auf die Gipfelkreuze von *Glungezer* (2677 m, links vom Sattel) und *Sonnenspitze* (2639 m, rechts vom Sattel).

▶ **05-005 Finaler Gipfelhang:** Nachdem die spannenden Abschnitte mit Klettersteigcharakter hinter uns liegen, begeben wir uns in den letzten (hier besonders imposant wirkenden) Blockwerk-Hang, der bereits zur obersten Flanke der *Sonnenspitze* (2639 m) gehört. Ausgesprochen große Gesteinsbrocken können weitgehend problemlos überschritten werden - die Felstrümmer sind in der Regel fest ineinander verkeilt. Wir erreichen schnell den kleinen Sattel mit der 1933 erbauten *Glungezerhütte* (2610 m) und gehen zwischen den Gebäuden hindurch. Es folgt ein letzter Anstieg zum aussichtsreichen Kreuz des *Glungezers* (2677 m), welches nicht auf dem höchsten Punkt des Berges steht. Der Blick in das dicht besiedelte *Inntal* und über dieses hinweg zur besonders schroff strukturierten *Nordkette* des *Karwendelgebirges* ist sehr lohnend.

Glungezerhütte, 2610 m [OeAV Hall in Tirol]
Lage: Sattel zw. Glungezer + Sonnenspitze, 10 Betten / 40 Lager, bewirtschaftet im Sommer ca. Mitte Juni bis Mitte Oktober,
☎ 0043/(0)5223/78018 (Hütte), 🖬 www.glungezer.at

▶ **05-006 Abstieg auf dem Normalweg:** Wir gehen zurück zur (mit Wetterschutzblechen verkleideten) *Glungezerhütte* (2610 m) und folgen dem Wegweiser zur *Tulfeinalm* (2035 m). Der Normalweg präsentiert sich als recht gut begehbarer Bergsteig, der kurz nochmals durch Blockwerk führt. Rutschige Serpentinen leiten uns schließlich in den Bereich des *Tulfeinjöchls* (2278 m) hinab - hier beginnt bald ein Fahrweg (*Kurt-Recheis-Weg*, es handelt sich um die schon vom Aufstieg her bekannte Almstraße). Bequem und nochmals sehr aussichtsreich wandern wir bis zur Bergstation der *Glungezerbahn*.

o Alternativen:

a. Problemloser Abstecher zur *Sonnenspitze* (2639 m) von der *Glungezerhütte* (2610 m) - sichere Geher können auch direkt über den Blockwerk-Hang (↗ Punkt 05-005) zum Gipfel aufsteigen.
b. Deutlich verlängerte Rundtour mit Abstieg auf der *Viggartal-Seite* in Richtung *Patscherkofel* (2248 m). Insofern hinter der *Viggarspitze* (2306 m, diese kann "mitgenommen" werden) auf den *Zirbenweg* und über diesen zurück zur *Tulfeinalm* (2035 m).
c. Individueller Abstieg von der Bergstation der *Glungezerbahn* (2059 m) zur Mittelstation *Halsmarter* (1560 m) oder bis zur Talstation in *Tulfes* (950 m).

Sonnenspitze und Glungezerhütte (05-005 - Rückblick vom Glungezer)

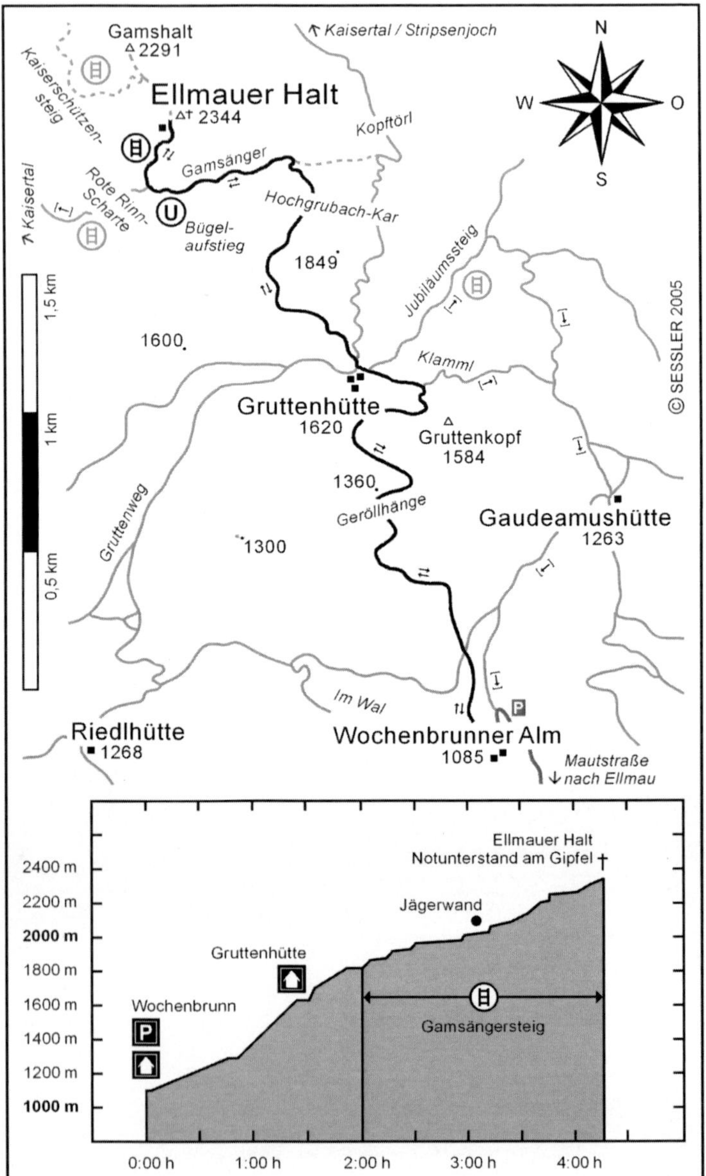
Gamshalt
2291
Kaiserschützensteig
Ellmauer Halt
2344
Kaisertal / Stripsenjoch
N
W
O
S
Kopftörl
Gamsänger
Rote Rinn-Scharte
Kaisertal
Hochgrubach-Kar
Bügelaufstieg
1849
Jubiläumssteig
1,5 km
1 km
0,5 km
1600
Klamml
Gruttenhütte
1620
Gruttenkopf
1584
© SESSLER 2005
1360
Geröllhänge
Gruttenweg
Gaudeamushütte
1263
1300
Im Wal
Riedlhütte
1268
Wochenbrunner Alm
1085
Mautstraße
nach Ellmau
Ellmauer Halt
Notunterstand am Gipfel
2400 m
2200 m
2000 m
1800 m
1600 m
1400 m
1200 m
1000 m
Jägerwand
Gruttenhütte
Wochenbrunn
Gamsängersteig
0:00 h
1:00 h
2:00 h
3:00 h
4:00 h

● 06 **Ellmauer Halt (2344 m) via Gamsängersteig**
ab Wochenbrunner Alm im Kaisergebirge

Schwierigkeit	■■■□□□□□
Kondition	■■■■■□□□
Exponiertheit	■■■□□□□□

○ Geografische Informationen:

Im zentralen Bereich des Wilden Kaisers (südliche Kette des Kaisergebirges) findet man mit der Ellmauer Halt (2344 m) den höchsten Gipfel der gesamten Gruppe. Der Berg senkt sich nach Norden über die Gamshalt (2291 m) und die Kleine Halt (2116 m) ins Kaisertal ab, im Süden fällt eine Steilwand ins Hochgrubach-Kar und in östlicher Richtung wird der markante Kopftörlgrat ausgesandt. Mit dem Gamsängersteig und dem Übergang durch die Rote-Rinn-Scharte ↗ Tour 07 wurden die beiden Normalwege weitgehend gesichert. Die erste belegbare touristische Besteigung des Gipfels erfolgte bereits im Jahr 1869.

○ Schwierigkeiten (geh- und klettertechnisch):

Der Gamsängersteig ist ein mäßig bis mittelschwerer Klettersteig, der zum Teil über exponierte Bänder und Steilstufen verläuft. Viele Abschnitte entsprechen der **Klassifizierung I (UIAA) bzw. B (umgehbare Einzelstelle B/C)** und sind an den schwierigsten Positionen gesichert. Insgesamt ist nur wenig Armkraft notwendig. Nur für trittsichere und schwindelfreie Geher mit alpiner Erfahrung!

○ Gehzeiten (ohne Pausen):

+	1:30 h	Wochenbrunner Alm - Gruttenhütte
+	2:45 h	Gruttenhütte - Ellmauer Halt (Gipfel)

[insgesamt + 4:15 h Aufstieg, + 2:30 h Abstieg]

○ Höhendifferenzen:

+	535 hm	Wochenbrunner Alm - Gruttenhütte
+	200 hm	Gruttenhütte - Wandfuß (Hochgrubach-Kar)
+	275 hm	Wandfuß (Hochgrubach-Kar) - Jägerwand
+	249 hm	Jägerwand - Ellmauer Halt (Gipfel)

[insgesamt + 1259 hm Aufstieg]

○ Besondere Gefahren / Ausrüstung:

Der Verlauf des gut markierten Steigs indiziert eine **sehr hohe Steinschlaggefahr** - insofern ist die Verwendung eines Helms angezeigt! Aufgrund der **ausgesetzten Bänder, brüchigen Passagen und rutschigen Steilstufen** wird zudem (zumindest abschnittsweise) der Gebrauch eines Klettersteigsets empfohlen. Von einer Begehung bei Nässe, Vereisung, Nebel oder Gewitterneigung wird abgeraten!

- Haupt-Stützpunkte:

  Wochenbrunner Alm (1085 m, privat bewirtschaftet)
  Gruttenhütte (1620 m, Deutscher Alpenverein ↗ S. 45)
  Babenstuberhütte (2320 m, Notbiwak im Gipfelbereich)

- Anreise:

  Auf der Straße 178 (u.a. von Kufstein zuvor über die 173) nach Ellmau (Linienbus). Auf einer Nebenstraße ca. 4 km (oberer Abschnitt mautpflichtig) zur Wochenbrunner Alm (Parkplatz).

▶ **06-001 Aufstieg zur Gruttenhütte:** Nahe der *Wochenbrunner Alm* (1085 m) begeben wir uns auf einen breiten (steinigen) Weg, welcher sogleich schattig in den dichten Wald zieht - insofern folgen wir dem Wegweiser "Gruttenhütte" und nicht der Beschilderung "Riedlhütte / Gruttenhütte"! Der gute Bergpfad (insgesamt stellt dieser Abschnitt eine einfache Bergwanderung dar) bringt uns bald zu den freien Geröllflächen (1360 m) unterhalb des Zwischenziels und es werden erste Tiefblicke auf den grünen Talboden bei *Ellmau* (804 m) bzw. *Going* (773 m) möglich. Nun steigen wir in weiten Kehren die Hänge westlich des *Gruttenkopfs* (1584 m) hinauf - im oberen Bereich gibt es einige etwas schroffere Stellen, welche jedoch keine Probleme aufwerfen. Die *Gruttenhütte* (1620 m) wird schnell erreicht und es kann eine kontrastreiche Landschaft (sanft kuppierte Wiesenhänge vor wilder Felskulisse) betrachtet werden.

Gruttenhütte (06-001 / 06-002 - Ansicht von Osten)

Bügelaufstieg an der Jägerwand (06-004)

06-002 Aufstieg ins Hochgrubach-Kar: Während kurz vor der *Gruttenhütte* (1620 m) der *Jubiläumssteig* (leichter Klettersteig) zum *Ellmauer Tor* (2006 m) beginnt, nutzen wir 20 m weiter den Abzweig "Ellmauer Halt / Rote-Rinn-Scharte / Hinterbärenbad" und ersteigen einen felsigen Abschnitt über der Hütte - hier nimmt auch ein Steig zum *Kopftörl* (2058 m) seinen Anfang. Nun geht es in ansteigender Querung problemlos durch einen Wiesen- bzw. Latschenhang, wobei links unten der *Gruttenweg* zu sehen ist. Wir passieren zwei größere Felsen und gehen schließlich relativ eben im Kar (durch eine kleine Mulde, ab hier in unnahbar wirkender Umgebung) auf den Wandfuß (1820 m) zu.

Gruttenhütte, 1620 m [DAV Turner-Alpenkränzchen]
Lage: am Gruttenkopf / Hochgrubach-Kar, 48 Betten / 105 Lager, bewirtschaftet im Sommer ca. Anfang Juni bis Mitte Oktober, ☎ 0043/(0)5358/2242 (Hütte), www.gruttenhuette.at

AB

06-003 Gamsänger: Im Rahmen einer ungesicherten "Kraxelei" (leichte Kletterei, Stellen I) ersteigen wir den Steilhang unter dem *Kopftörlgrat*, wobei mit besonderer Steinschlaggefahr zu rechnen ist. Die Markierungen leiten uns nach Westen (links) zu einer Rippe und wir klettern eine kleine Rinne (Stelle I) hinauf. Ein zweiter Aufschwung ist mit dem ersten Stahlseil (15 m) gesichert. Im Gehgelände gelangen wir nun zu einer längeren Sicherung - der Wegverlauf ist bei den *Gamsängern* (Grasbänder unter dem *Kopftörlgrat*) bereits etwas stärker ausgesetzt. Nach einem Richtungswechsel helfen vier Tritthilfen über eine kleine Platte. Es folgen eine ungesicherte Teilstrecke (Stellen I) und schließlich ein etwas anspruchsvollerer Aufschwung. Jetzt haben wir auch die *Rote-Rinn-Scharte* (2093 m) ↗ Tour 07 im Blickfeld.

A **<u>06-004 Jägerwand:</u>** Wir passieren den Fuß (2095 m) einer senkrechten Wand auf 75 Metallbügeln, die jeweils in Schrittweite angebracht wurden. Die treppenartige Konstruktion dient dem Schutz vor Steinschlag und befindet sich lediglich 0,5 - 1,5 m über dem schrägen Hangboden. Am obersten Bügel wurde eine kleine Schrägleiter angebracht, die problemlos zum Geröllgrund überschritten werden kann. Unmittelbar hinter den Bügeln trifft links der Steig von der *Rote-Rinn-Scharte* (2093 m) ↗ Tour 07 ein (Tafel "Hinterbärenbad").

B **<u>06-005 Anstieg zu den Weg-Alternativen:</u>** Nach den Bügeln an der *Jägerwand* folgt eine anspruchsvollere (teils rutschige) Passage, die weitgehend gesichert wurde. In leichter Kletterei bewegen wir uns nach oben, wobei wir uns immer wieder in der Falllinie potentiell lostretbarer Geröllstücke befinden. Das Stahlseil verzweigt sich (zwei Alternativen: ↗ 06-006a und 06-006b).

B **<u>06-006a Achselrinne:</u>** Linker Hand führen ein paar Tritthilfen zu einem schmalen Spalt (1,5 m breit, zuerst noch nicht sichtbar) hinauf. Im Inneren befindet sich ein größerer Felsblock - die *Achselrinne* kann jedoch ohne Probleme durchstiegen werden. Am Ende der dunklen Gasse leitet seitlich eine senkrechte Leiter (ca. 10 m, minimaler Überhang) relativ unschwierig nach oben.

BC **<u>06-006b Plattenriss:</u>** Rechter Hand führt das Seil zu einer nahezu senkrechten Platte, die von einem (ebenfalls senkrechten) Riss durchzogen wird. Einige versetzte Trittstifte helfen bei der Überwindung der rückwärtig stärker exponierten Steilstelle, die (insbesondere aus psychologischer Sicht) für unerfahrene Geher problematisch sein kann. In diesem Fall empfiehlt sich (gerade für den Abstieg) die weniger ausgesetzte Alternative ↗ 06-006a!

Plattenriss mit Trittstiften (06-006b)

B **06-007 Schlussanstieg:** Die beiden Weg-Alternativen treffen wieder zusammen und wir gehen über ein breites Schotterband, das scherzhaft als *Maximilianstraße* (2260 m) bezeichnet wird. Ein gut gestufter Hang (die etwas anspruchsvolleren Steilplatten sind nochmals mit einer kurzen Sicherung versehen) führt uns an der kleinen *Babenstuberhütte* (2320 m, Foto bei Tour 07 ↗ S. 53) vorbei zum nahen Gipfelkreuz (2344 m). Hier befinden wir uns auf dem zentralen "Höhepunkt" des *Kaisergebirges* und werden mit einer grandiosen Aussicht belohnt. In der unmittelbaren Umgebung lassen sich besonders gut der *Treffauer* (2304 m) mit der tief eingeschnittenen *Treffauer Lucke*, die Gipfel am *Stripsenjoch* (1577 m) und der deutlich absinkende Kamm zur *Gamshalt* (2291 m) betrachten. Der Blick auf den parallelen Nachbar-Höhenzug des *Zahmen Kaisers* mit der *Pyramidenspitze* (1997 m) über das (bei Wanderern recht beliebte) *Kaisertal* hinweg ist ebenfalls sehr reizvoll. Abstieg wie Aufstieg.

O Alternativen:

a. Der Steig über die *Rote-Rinn-Scharte* (2093 m) ↗ Tour 07 (Zusammenschluss mit dem *Gamsängersteig* unmittelbar nach dem Bügelaufstieg an der *Jägerwand*, ebenso ein mäßig bis mittelschwerer Klettersteig) ermöglicht eine Überschreitung ins *Kaisertal* u.a. mit einfacher Verlängerung nach *Kufstein* (503 m, Linienbus) oder zum *Stripsenjoch* (1577 m). Die Route führt hinter der Scharte lange Zeit durch steiles Geröll und ist entsprechend mühsam. Stützpunkte im Bereich *Kaisertal / Stripsenjoch* sind u.a. das *Anton-Karg-Haus* (829 m, OeAV ↗ S. 50), das *Hans-Berger-Haus* (936 m, TVDN) oder das *Stripsenjochhaus* (1577 m, OeAV).
b. Im Rück-Abstieg zur *Wochenbrunner Alm* (1085 m, privat bewirtschaftet) ist ein Abstecher zur *Gaudeamushütte* (1263 m, DAV) via *Klammlweg* (Bergsteig, ein paar Trittbügel) oder *Jubiläumssteig* (leichter, lohnender Klettersteig durch das *Wilde Schloss* am *Kübelkar*) möglich.
c. Eine Überschreitung des *Wilden Kaisers* (ähnlich a.) via *Kaiserschützensteig* (Beginn direkt am Gipfel der *Ellmauer Halt*, schwieriger Klettersteig) wird in diesem Führer, aufgrund der deutlich höheren technischen Anforderungen und der sehr starken Exponiertheit, nicht empfohlen!

O Buch-Tipp:

Wer sich für weitere Bergtouren in der Region *Wilder Kaiser, Zahmer Kaiser und Umgebung* (auch leichte Klettersteige, wie z.B. die Routen auf *Scheffauer*, *Brünnstein, Pyramidenspitze* oder *Niederkaiser*) interessiert, dem sei das Buch **Bergwanderungen, Gipfelziele und Höhenwege im Kaisergebirge** vom gleichen Autor empfohlen. Bezugshinweis ↗ S. 72.

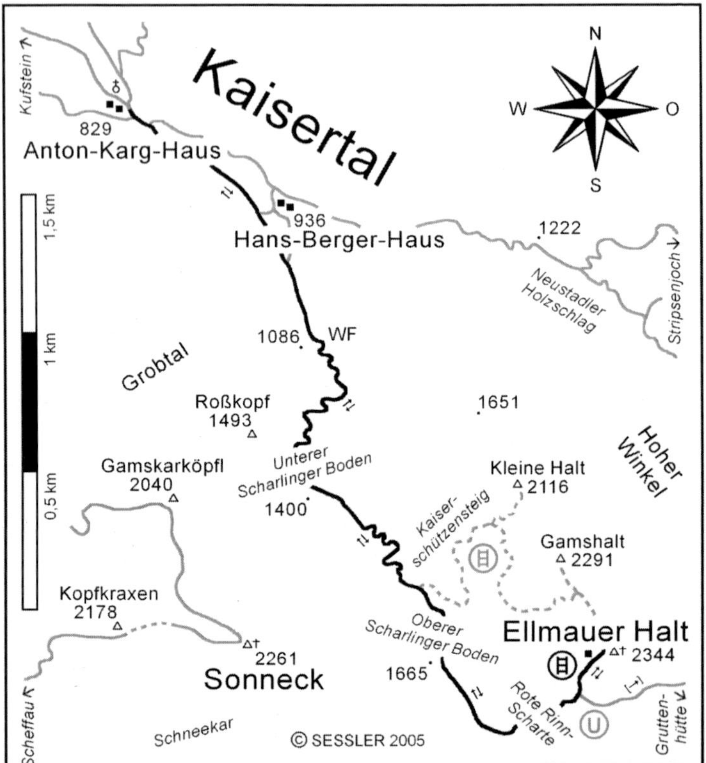
Kaisertal
N
W
O
S
Kufstein
829
Anton-Karg-Haus
1,5 km
1 km
0,5 km
936
Hans-Berger-Haus
1222
Neustadler Holzschlag
Stripsenjoch
1086
WF
Grobtal
Roßkopf
1493
1651
Hoher Winkel
Gamskarköpfl
2040
Unterer Scharlinger Boden
1400
Kleine Halt
2116
Kaiser-schützensteig
Gamshalt
2291
Kopfkraxen
2178
2261
Sonneck
Oberer Scharlinger Boden
1665
Ellmauer Halt
2344
Rote Rinn-Scharte
Scheffau
Schneekar
© SESSLER 2005
Gruttenhütte

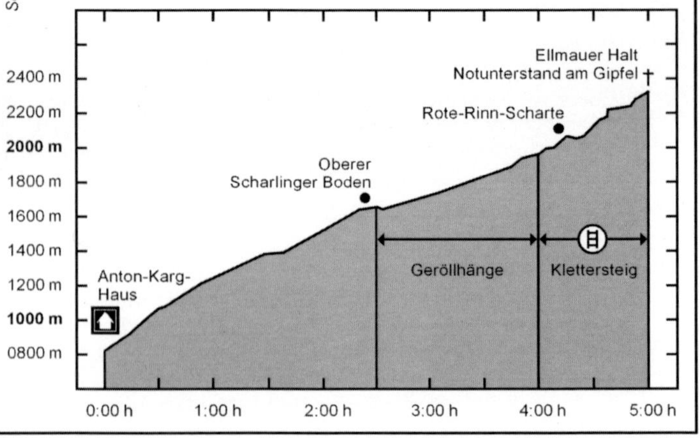
2400 m
2200 m
2000 m
1800 m
1600 m
1400 m
1200 m
1000 m
0800 m
Ellmauer Halt
Notunterstand am Gipfel
Rote-Rinn-Scharte
Oberer
Scharlinger Boden
Anton-Karg-
Haus
Geröllhänge
Klettersteig
0:00 h
1:00 h
2:00 h
3:00 h
4:00 h
5:00 h

● 07 Ellmauer Halt (2344 m) via Rote-Rinn-Scharte
ab Anton-Karg-Haus / Hinterbärenbad im Kaisergebirge

Schwierigkeit	■■■□□□□□
Kondition	■■■■■■□□
Exponiertheit	■■■■□□□□

○ Geografische Informationen:

Vgl. ↗ Tour 06.

○ Schwierigkeiten (geh- und klettertechnisch):

Die Aufstiegsroute durch die Rote-Rinn-Scharte ist ein mäßig bis mittelschwerer Klettersteig, der im Zustieg über steile Geröllhänge führt und im Bereich des Sattels stärker exponiert ist. Hinter der Scharte mündet die Wegspur in den stärker frequentierten Gamsängersteig ↗ Tour 06 - insofern entspricht die Route im oberen Bereich ebenso der **Klassifizierung I (UIAA) bzw. B (umgehbare Einzelstelle B/C)** und ist an den schwierigsten Positionen gesichert. Insgesamt ist nur wenig Armkraft notwendig. Nur für trittsichere und schwindelfreie Geher mit alpiner Erfahrung (insbesondere im lockeren Geröll)!

○ Gehzeiten (ohne Pausen):

+ 4:15 h	Anton-Karg-Haus - Rote-Rinn-Scharte
+ 0:45 h	Rote-Rinn-Scharte - Ellmauer Halt (Gipfel)

[insgesamt + 5:00 h Aufstieg, + 3:00 h Abstieg]

○ Höhendifferenzen:

+ 836 hm	Anton-Karg-Haus - Oberer Scharlinger Boden
+ 428 hm	Oberer Scharlinger Boden - Rote-Rinn-Scharte
+ 251 hm	Rote-Rinn-Scharte - Ellmauer Halt (Gipfel)

[insgesamt + 1515 hm Aufstieg]

○ Besondere Gefahren / Ausrüstung:

Der Verlauf des markierten Steigs indiziert eine **besonders hohe Steinschlaggefahr** (in den steilen Geröllhängen und auch im finalen Gipfelaufstieg) - insofern ist die Verwendung eines Helms angezeigt! Aufgrund der **rutschigen Steilstufen und teilweise brüchigen Passagen** im oberen Bereich ist zudem (zumindest abschnittsweise) der Gebrauch eines Klettersteigsets ratsam. Von einer Begehung bei Nässe, Vereisung, Nebel oder Gewitterneigung wird abgeraten!

○ Haupt-Stützpunkte:

Anton-Karg-Haus (829 m, Österreichischer Alpenverein ↗ S. 50)
Babenstuberhütte (2320 m, Notbiwak im Gipfelbereich)

O Anreise:

Auf der A 93 bzw. A 12 (Inntalautobahn) nach Kufstein (Linienbus, Ortsbus, Bahnhof). Zum nordöstlichen Stadtrand (Sparchen) bzw. nach Eichelwang (für das Kaisertal ausgewiesener Parkplatz). Einfache Wanderung (+ 341 hm, + 2:45 h) zum Anton-Karg-Haus (Übernachtung) durch das gesamte Kaisertal via Sparchenstiege.

Anton-Karg-Haus, 829 m [OeAV Kufstein]
Lage: hinteres Kaisertal (Hinterbärenbad), 30 Betten / 70 Lager, bewirtschaftet im Sommer ca. Anfang Mai bis Mitte Oktober
☎ 0043/(0)5372/62578 (Hütte), keine Internetadresse bekannt

▶ **07-001 Aufstieg zum Unteren Scharlinger Boden:** Wir nutzen unmittelbar am *Anton-Karg-Haus* (829 m) den Fahrweg zum *Hans-Berger-Haus* (936 m). Kurz bevor wir das Objekt erreichen, zweigt rechter Hand ein Pfad ab (nach 0:15 h, Wegweiser). Diese Spur führt uns problemlos durch den Wald zu einem weiteren Richtungsschild (987 m) "Rote-Rinn-Scharte / Gruttenhütte" bzw. "Kaiserschützensteig". Nach kurzer Zeit passieren wir schließlich einen Wasserfall, der (bei entsprechender Wasserführung) einen spektakulären Anblick bietet und einen Hauptzufluss des *Kaiserbachs* darstellt. Das Gelände wird freier und es beginnt ein normaltypischer Bergpfad, der sich in weiten Kehren (teils steinig) nach oben windet. Wir erreichen das *Mirakelbrünndl* (1239 m, letzte beständige Quelle) - bei einem nahezu ebenen Absatz ist auch der *Untere Scharlinger Boden* (1400 m) erstiegen.

Anton-Karg-Haus / Hinterbärenbad (07-001 - Ansicht von Osten)

Felsturm unter der Rote-Rinn-Scharte (07-003 - Ansicht von oben)

▶ **07-002 Aufstieg zum Oberen Scharlinger Boden:** Der Bergpfad führt uns über grasige Geländestufen weiter nach oben, wobei die Umgebung immer eindrucksvoller wird. Zur linken Hand (Osten) stürzen die hohen Wände von *Kleiner Halt* (2116 m), *Gamshalt* (2291 m) und *Ellmauer Halt* (2344 m) in das Kar hinab - zur rechten Hand (Westen) lehrt die Flanke des *Sonnecks* (2261 m) dem Bergwanderer das Fürchten. Wir passieren den Abzweig zum schwierigen *Kaiserschützensteig* (verbleiben jedoch im Kar). Der *Obere Scharlinger Boden* (1665 m) wird durchschritten und die spärliche Vegetation hat endgültig kapituliert. Nun blicken wir auf die breiten Geröllhänge, die von der Kammhöhe des *Wilden Kaisers* ausgesandt werden.

AB **07-003 Aufstieg zur Rote-Rinn-Scharte:** Die Markierungen leiten uns im rechten (westlichen) Bereich des Schuttstroms nach oben und wir gelangen mühsam zu einem auffälligen Felsturm, der sich inmitten der einsamen Geröllhänge befindet - in diesem Bereich gibt es übrigens (zum Schutz vor Steinschlag - es herrscht diesbezüglich eine besonders hohe Gefahr!) eine Wegtrennung für Auf- und Abstieg. Der erwähnte Felsen wird rechts umgangen und wir kommen zu gesicherten Abschnitten, die (abgesehen vom extrem rutschigen Untergrund) keine großen Probleme aufwerfen. Schließlich führt uns ein letzter gesicherter Steilaufstieg an einer Wand entlang (noch immer über verfallendes Gestein) zur *Rote-Rinn-Scharte* (2093 m) hinauf.

B **07-004 Übergang zur Jägerwand / Gamsängersteig:** In der *Rote-Rinn-Scharte* (2093 m) erwartet uns zunächst ein beidseitig exponiertes Gratstück (wenige Meter), welches gut gesichert wurde. Es folgt eine stark ausgesetzte Querung an einer glatten (ebenso gesicherten) Plattenwand - wir befinden uns bereits auf der Südseite des *Wilden Kaisers*. Entlang einer Bergsturzzone steigen wir letztlich auf recht lockerem Boden zum oberen Ende des Bügelaufstiegs an der *Jägerwand* - hier mündet unsere Route in den stärker frequentierten *Gamsängersteig* ↗ Tour 06, welcher von der *Gruttenhütte* (1620 m, DAV ↗ S. 45) heraufkommt.

Der weitere Aufstieg zum Gipfel der *Ellmauer Halt* (2344 m) entspricht dem *Gamsängersteig* ↗ Tour 06 ab Punkt 06-005. Die Wegführung beinhaltet leichte Kletterei der Schwierigkeit I (UIAA) bzw. B (umgehbare Einzelstelle B/C). Abstieg wie Aufstieg.

o Alternativen:

a. Der *Gamsängersteig* ↗ Tour 06 (Zusammenschluss mit dem Weg via *Rote-Rinn-Scharte* unmittelbar über dem Bügelaufstieg an der *Jägerwand*, ebenso ein mäßig bis mittelschwerer Klettersteig) ermöglicht eine Überschreitung zur *Gruttenhütte* (1620 m, DAV ↗ S. 45), *Gaudeamushütte* (1263 m, DAV) oder *Wochenbrunner Alm* (1085 m, privat bewirtschaftet) u.a. mit einfacher Verlängerung nach *Ellmau* (804 m, Linienbus).
b. Eine Rundtour via *Kaiserschützensteig* (Beginn am Gipfel der *Ellmauer Halt*, schwieriger Klettersteig) wird in diesem Führer, aufgrund der deutlich höheren technischen Anforderungen und der sehr starken Exponiertheit, nicht empfohlen!

o Buch-Tipp:

Wer sich für weitere Bergtouren in der Region *Wilder Kaiser, Zahmer Kaiser und Umgebung* (auch leichte Klettersteige, wie z.B. die Routen auf *Scheffauer, Brünnstein, Pyramidenspitze* oder *Niederkaiser*) interessiert, dem sei das Buch **Bergwanderungen, Gipfelziele und Höhenwege im Kaisergebirge** vom gleichen Autor empfohlen. Bezugshinweis ↗ S. 72.

Babenstuberhütte (07-004, ebenso Tour 06 Punkt 06-007)

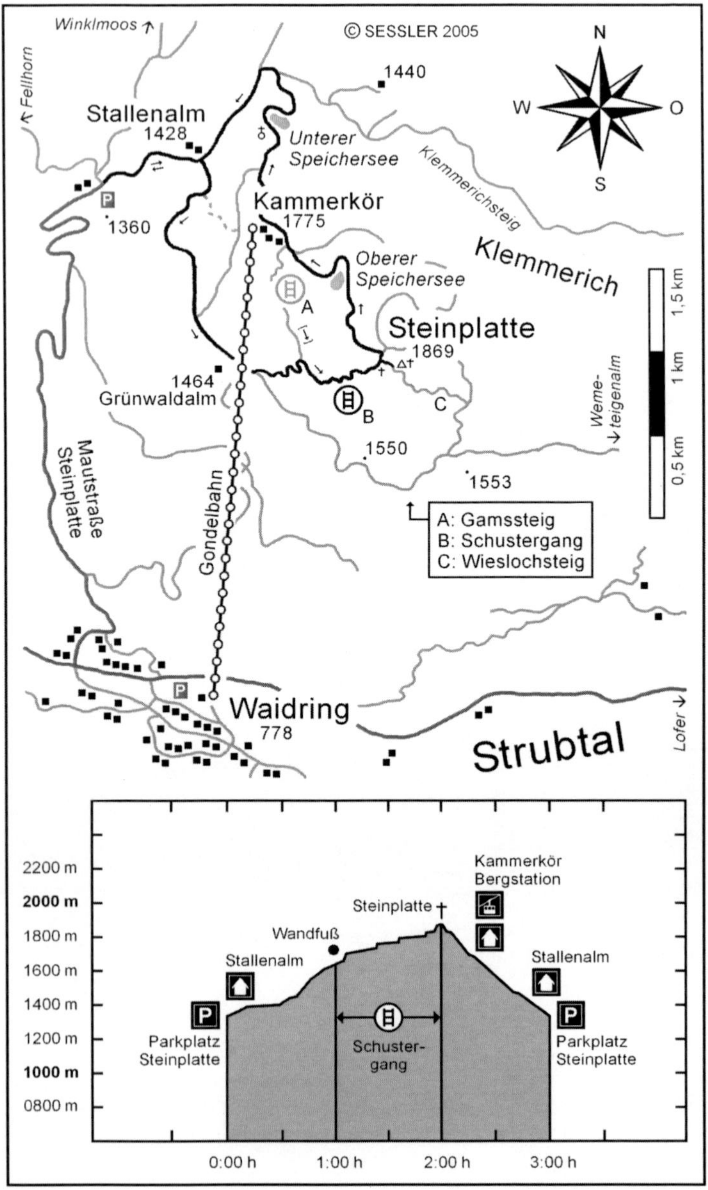
Winklmoos
© SESSLER 2005
N
W
O
S
Fellhorn
Stallenalm
1428
1440
Unterer
Speichersee
Klemmerichsteig
Kammerkör
1775
1360
Klemmerich
Oberer
Speichersee
A
Steinplatte
1869
1464
Grünwaldalm
B
C
Weme-
teigenalm
1550
1553
1,5 km
1 km
0,5 km
Mautstraße
Steinplatte
Gondelbahn
A: Gamssteig
B: Schustergang
C: Wieslochsteig
Waidring
778
Strubtal
Lofer
2200 m
2000 m
1800 m
1600 m
1400 m
1200 m
1000 m
0800 m
Kammerkör
Bergstation
Steinplatte
Wandfuß
Stallenalm
Stallenalm
Parkplatz
Steinplatte
Schuster-
gang
Parkplatz
Steinplatte
0:00 h
1:00 h
2:00 h
3:00 h

● 08 Steinplatte (1869 m) via Schustergang

ab Höhenparkplatz Steinplatte in den Chiemgauer Alpen

Schwierigkeit	■■■■■□□□
Kondition	■■□□□□□□
Exponiertheit	■■■■■■□□

○ Geografische Informationen:

Die Chiemgauer Alpen werfen an ihrer südlichen Grenze mit der Steinplatte (1869 m) einen beliebten Ski- und Wanderberg auf. Es handelt sich um ein einzigartiges Trockenriff, welches aus einem Urmeer der Triaszeit entstanden ist - zahllose Organismen, Pflanzen und Tiere haben in dieser erdgeschichtlichen Periode durch ihre Kalkabscheidungen eine mächtige Gesteinsbank entstehen lassen. Im Gipfelbereich sind noch heute versteinerte Korallen (eingeschlossen im Kalk) auffindbar.
Während die grünen Nordhänge des Berges sanft kupiert an Höhe verlieren, bricht der kleine Gebirgszug mit einer Felswand senkrecht nach Süden ab (in diesem Bereich verläuft der relativ kurze Klettersteig "Schustergang"). Auch im Osten ist das Gelände rau, denn hier schließen sich die Sonnenwendberge an und begleiten das breite Strubtal von Waidring (778 m) bis Lofer (626 m). Hinter diesem Talgrund erhebt sich bereits die kompakte Gruppe der Loferer Steinberge mit einer besonders schroffen und sehenswerten Silhouette.

○ Schwierigkeiten (geh- und klettertechnisch):

Der Schustergang (s´ Schuasta Gangl) ist ein mittelschwerer bis schwieriger Klettersteig, welcher (zum Teil stark ausgesetzt) durch einige kaminartige Verschneidungen bzw. über senkrechte Wandabschnitte führt. Es ist ein technischer Anspruch konform zur **Klassifizierung I - III (UIAA) bzw. B/C bis C** zu erwarten. Die erhöhte Grundschwierigkeit ergibt sich insbesondere aus den Abständen zwischen den Eisenbügeln bzw. Stiften - es müssen stellenweise natürliche Felsgriffe gesucht und verwendet werden. Der Steig ist durchgehend gesichert. Einige Positionen erfordern etwas Armkraft. Nur für absolut trittsichere und schwindelfreie Geher mit alpiner Erfahrung!

○ Gehzeiten (ohne Pausen):

+ 0:10 h	Höhenparkplatz Steinplatte - Stallenalm
+ 0:20 h	Stallenalm - Grünwaldalm
+ 0:30 h	Grünwaldalm - Wandfuß
+ 1:00 h	Wandfuß - Steinplatte (Gipfel, via Klettersteig)
+ 0:15 h	Steinplatte (Gipfel) - Gasthaus Kammerkör
+ 0:45 h	Gasthaus Kammerkör - Höhenparkplatz

[insgesamt + 3:00 h Rundtour]

- Höhendifferenzen:

+	068 hm	Höhenparkplatz Steinplatte - Stallenalm
+	036 hm	Stallenalm - Grünwaldalm
+	176 hm	Grünwaldalm - Wandfuß
+	229 hm	Wandfuß - Steinplatte (Gipfel, via Klettersteig)
–	094 hm	Steinplatte (Gipfel) - Gasthaus Kammerkör
–	415 hm	Gasthaus Kammerkör - Höhenparkplatz

[+ 509 hm Aufstieg, – 509 hm Abstieg]

- Besondere Gefahren / Ausrüstung:

Der steile Routenverlauf indiziert an einigen Positionen eine **hohe Steinschlaggefahr** durch Personenauslösung. Es wird die Verwendung eines Helms empfohlen! Stark ausgesetzte bzw. anspruchsvollere **Abschnitte mit höherem Sturzrisiko** (u.a. kleine Tritte und erdige Stellen) erfordern den Gebrauch eines Klettersteigsets zur Selbstsicherung! Die Zustiegspfade sind kaum markiert. Von einer Begehung bei Nässe, Vereisung, Nebel oder Gewitterneigung wird abgeraten!

- Haupt-Stützpunkte:

Stallenalm (1428 m, privat bewirtschaftet)
Gasthaus Kammerkör (1775 m, privat bewirtschaftet)

Südwand der Steinplatte (08-002)

o Anreise:

Auf der Straße 178 (u.a. von St. Johann in Tirol oder Lofer) nach Waidring (Linienbus). Nördlich führt eine ausgewiesene Straße (ca. 3 km, mautpflichtig) zum Höhenparkplatz Steinplatte. Die Talstation der Gondelbahn (↗ Alternative a, S. 59) befindet sich unmittelbar an der Straße 178 in Waidring.

▶ **08-001 Übergang zur Grünwaldalm:** Am *Parkplatz Steinplatte* (1360 m) folgen wir weiterhin der asphaltierten Fahrstraße, welche nun für den öffentlichen Verkehr gesperrt ist - eine langgezogene Kehre bringt uns in wenigen Minuten zur etwas höher gelegenen *Stallenalm* (1428 m). Unmittelbar bei den Gebäuden biegen wir rechts ab (Wegweiser "Grünwaldalm / Wemeteigenalm") und gehen unter einem Skilift hindurch. Der harmlose Forstweg steigt kurzzeitig etwas an, führt aber bald relativ eben nach Süden. Jetzt rückt auch die durchaus sehenswerte Gipfelwand der senkrecht abbrechenden *Steinplatte* (1869 m) ins Blickfeld.
Wir passieren die Pfeilertrasse der Gondelbahn (hier versteckt sich rechter Hand die *Grünwaldalm* und es beginnt ein Talabstieg nach *Waidring*), gehen noch 25 m weiter (folgen insofern kurz dem Wegweiser "Wemeteigenalm") und biegen links auf einen schmalen Pfad (Hinweistafel "Klettersteig Schustergang", leicht zu übersehen).

▶ **08-002 Aufstieg zum Wandfuß:** Ein erdiger und entsprechend rutschiger Pfad zieht (teilweise etwas steiler) nach oben. Die unmarkierte Wegspur führt uns zunächst durch den Wald - bald wird das Gelände jedoch freier und die felsigen Abbrüche der *Steinplatte* (1869 m) liegen vor uns. Etwa 15 hm unter dem Wandfuß trifft von links der *Gamssteig* (↗ Alternative a, S. 59) ein. Wir orientieren uns nach rechts und folgen dem steinig ansteigenden Band. Der Pfad leitet noch ein Stück an der Wand entlang und bringt uns hinter einen markanten Felsturm mit steinernem Kopf. Hier beginnt der Klettersteig und es sind bereits wunderbare Rückblicke u.a. auf die *Loferer Steinberge* oder das bemerkenswerte *Kaisergebirge* vom *Lärchegg* (2123 m) bis zum *Stripsenjoch* (1577 m) möglich.

C **08-003 Schustergang:** Mit Hilfe einiger Eisenbügel klettern wir stark ausgesetzt und anspruchsvoll zur *Himmelsleiter* (einer kaminartigen Verschneidung). Schon hier ist festzustellen, dass die Klammern nicht "vollständig" gesetzt wurden und immer wieder ein natürlicher Griff bzw. Tritt gesucht werden muss. Bald erschweren zudem erdige Abschnitte den Aufstieg (die greifbaren Äste diverser Krummholzkiefern können leicht ausbrechen). Am Ende der nahezu senkrechten Verschneidung mäßigt sich die Geländestruktur und Exponiertheit der Route - die Anzahl der Tritthilfen ist nun auf vereinzelte Stifte reduziert (B - B/C).

Die "Himmelsleiter" am Beginn des Schustergangs (08-003)

Wir steigen um ein kleines Felseck herum und kommen bald zum Fuß eines auffälligen Turms. Hier gabelt sich das Drahtseil und die schwierigere Variante "Da Knieschläderer" leitet stark exponiert um die Zinne herum. Hinter dem Felsen muss ein kleiner Spalt auf einem Trittseil überwunden werden. Die einfache Alternative führt direkt und problemlos durch die 2 m breite Rinne zwischen Turm und Bergmassiv. Die Wegführungen sind wieder vereinigt.
Ein senkrechter Aufschwung ist zunächst mit Bügeln versehen - die letzten 3 m müssen jedoch frei und anspruchsvoll erklettert werden. Es folgt eine kurze Querung zur finalen Wand. Hier können wir kurz auf die andere Seite des Seils wechseln und dann zu den Eisenklammern hinüber steigen. Die letzten Meter sind nochmals knifflig, doch schließlich erreichen wir das untere Gipfelkreuz, wo wir in der Regel zahlreiche Wanderer und Spaziergänger antreffen. Das obere Hauptkreuz (1869 m) kann schnell im schroffen Gehgelände erreicht werden. Die Tiefblicke zum *Strubtal* bzw. ins langgestreckt nach Süden auslaufende *Pillerseetal* sind durchaus lohnend.

▶ **08-004 Rückweg zum Höhenparkplatz:** Zwischen den beiden Gipfelkreuzen führt ein Pfad in das grün kupierte Wandergelände der *Steinplatte* (1869 m). Wir nutzen den direkten Fahrweg und kommen über den oberen Speichersee schnell zum Gasthaus *Kammerkör* (1775 m), wo sich auch die Bergstation der Gondelbahn befindet. Im Anblick vieler Skilifte bummeln wir bald (stets auf dem Versorgungsweg) am unteren Speichersee vorbei und passieren erneut die *Stallenalm* (1428 m). Kurz darauf ist die spannende Rundtour abgeschlossen.

o Alternativen:

a. Bergfahrt mit der Kleinkabinen-Gondelbahn "Steinplatte" von *Waidring* (778 m, Linienbus, Parkplatz) zum Gasthaus *Kammerkör* (1775 m). Hinter dem letzten Gebäude (Hinweistafel) zweigt rechts unmerklich der *Gamssteig* ab (leicht zu übersehen, insofern hier nicht den Beschilderungen zur *Steinplatte* folgen). Ein steiler, nahezu senkrechter Abstieg mit einigen Bügeln (kurzer Klettersteig der Klassifizierung B/C) leitet zum Wandfuß und vereinigt sich später mit dem Zustieg ↗ 08-002. Es ergibt sich eine kleinere Rundtour *Kammerkör* - *Gamssteig* - *Schustergang* - *Steinplatte* (Gipfel) - *Kammerkör* mit abschließender Talfahrt.
b. Abstieg vom Hauptgipfel der *Steinplatte* (1869 m, oberes Kreuz) über den hier beginnenden *Wieslochsteig*. Die lohnende Route ist teilweise gesichert (Klassifizierung I bzw. A/B) - die Schwierigkeiten beschränken sich jedoch auf eine relativ schroffe Steilpassage. Unterhalb der Felsregion führt ein Pfad querend durch die Hänge zur *Grünwaldalm* (schneller Übergang zum Höhenparkplatz oder weiterer Abstieg im Bereich der Gondelbahn bis zur Talstation in *Waidring*).

Gesichertes Felseck am Schustergang (08-003)

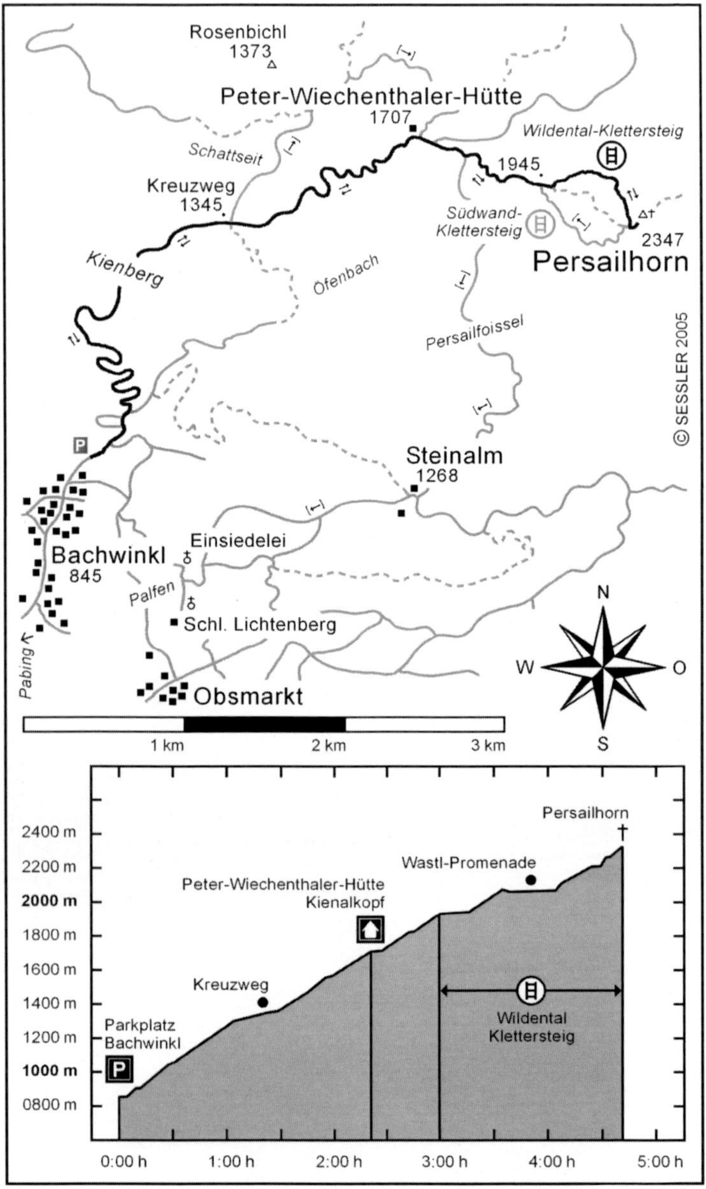
Rosenbichl
1373
Peter-Wiechenthaler-Hütte
1707
Wildental-Klettersteig
Schattseit
1945
Kreuzweg
1345
Südwand-
Klettersteig
2347
Persailhorn
Kienberg
Öfenbach
Persailfoissel
© SESSLER 2005
Steinalm
1268
Einsiedelei
Bachwinkl
845
Palfen
Schl. Lichtenberg
Pabing
Obsmarkt
N
W
O
S
1 km
2 km
3 km
2400 m
2200 m
2000 m
1800 m
1600 m
1400 m
1200 m
1000 m
0800 m
Persailhorn
Wastl-Promenade
Peter-Wiechenthaler-Hütte
Kienalkopf
Kreuzweg
Parkplatz
Bachwinkl
Wildental
Klettersteig
0:00 h
1:00 h
2:00 h
3:00 h
4:00 h
5:00 h

● 09 **Persailhorn (2347 m) via Wildental-Klettersteig**
ab Saalfelden / Bachwinkl in den Berchtesgadener Alpen

Schwierigkeit	■■■■□□□□
Kondition	■■■■■■□□
Exponiertheit	■■■■□□□□

○ Geografische Informationen:

Die Berchtesgadener Alpen finden im Süden mit dem felsigen Areal des Steinernen Meeres eine natürliche Fortsetzung. Die Kammlage um das hier positionierte Breithorn (2504 m, Verlauf des ungesicherten Saalfeldener Höhenwegs) wirft im Westen das Persailhorn (2347 m) auf - mit dem Wildental-Klettersteig in der Nordflanke und dem Südwand-Klettersteig (↗ Tour 10) leiten gleich zwei spannende Routen zum Gipfel. Diese Wegführungen ersetzen den "alten" Normalanstieg (II, hohe Steinschlaggefahr), welcher kaum noch begangen wird und insofern auch nicht empfehlenswert ist. Die "neueren" Klettersteige trennen sich oberhalb der Peter-Wiechenthaler-Hütte (1707 m) und können somit auch zu einer sehr lohnenden Rundtour kombiniert werden.

○ Schwierigkeiten (geh- und klettertechnisch):

Der Wildental-Klettersteig ist ein mäßig bis mittelschwerer Klettersteig, der zum größten Teil aus einer langen exponierten Querung (Wastl-Promenade) und einer etwas anspruchsvolleren Steilstufe besteht. Die Abschnitte enthalten lehmige bzw. rutschige Stellen, entsprechen der **Klassifizierung I - II (UIAA) bzw. B bis B/C** und sind nahezu durchgehend gesichert. Insgesamt ist nur wenig Armkraft notwendig. Nur für trittsichere und schwindelfreie Geher mit alpiner Erfahrung!

○ Gehzeiten (ohne Pausen):

+ 1:20 h	Wanderparkplatz Bachwinkl - Kreuzweg
+ 1:00 h	Kreuzweg - Peter-Wiechenthaler-Hütte
+ 2:20 h	Peter-Wiechenthaler-Hütte - Persailhorn (Gipfel)

[insgesamt + 4:40 h Aufstieg, + 3:00 h Abstieg]

○ Höhendifferenzen:

+ 500 hm	Wanderparkplatz Bachwinkl - Kreuzweg
+ 362 hm	Kreuzweg - Peter-Wiechenthaler-Hütte
+ 238 hm	Peter-Wiechenthaler-Hütte - Routentrennung
+ 402 hm	Routentrennung - Persailhorn (Gipfel)

[+ 1502 hm Aufstieg, – 1502 hm Abstieg]

Der Begriff "Routentrennung" bezeichnet hier die Teilung zwischen Wildental-Klettersteig und Südwand-Klettersteig (↗ Tour 10).

Peter-Wiechenthaler-Hütte auf dem Kienalkopf (09-001)

- Besondere Gefahren / Ausrüstung:

  Der Verlauf des markierten Steigs indiziert an Einzelstellen eine **hohe Steinschlaggefahr** - insofern ist die Verwendung eines Helms angezeigt! Aufgrund der **ausgesetzten (auch rutschigen) Querungen und Steilstufen** wird zudem der Gebrauch eines Klettersteigsets empfohlen. Von einer Begehung bei Nässe, Vereisung, Nebel oder Gewitterneigung wird abgeraten!

- Haupt-Stützpunkt:

  Peter-Wiechenthaler-Hütte (1707 m, Österr. Alpenverein ↗ S. 63)

- Anreise:

  Auf den Straßen 164 oder 311 nach Saalfelden am Steinernen Meer und zum nördlich gelegenen Ortsteil Pabing. Hier auf einer Nebenstraße nordöstlich bis Bachwinkl (ausgewiesener Parkplatz am Ende der asphaltierten Strecke).

▶ **09-001 Aufstieg zur Peter-Wiechenthaler-Hütte:** Unsere Route führt hinter dem *Wanderparkplatz Bachwinkl* (845 m) über eine Brücke und leitet kurz (links haltend) auf eine Forststraße. Hinter einem Steg beginnt ein ca. 1 m breiter Pfad (Weg "412"), der in Serpentinen den Waldhang hinaufzieht. Nachdem nochmals ein Fahrweg tangiert wurde, setzt sich der gut angelegte Steig zwischen den Bäumen des *Kienbergs* fort - an lichteren Stellen sind vereinzelte Tiefblicke auf *Saalfelden* (748 m) möglich. Der

bequeme Pfad geht später in eine ansteigende Querung über und wir erreichen den *Kreuzweg* (1345 m, markante Wegkreuzung). Insbesondere mit dem *Schattseitweg* (Weg "412a") eröffnet sich hier eine etwas längere Alternative - wir verbleiben jedoch auf dem ursprünglichen Normalanstieg.
Rechter Hand werden nun erstmals sehr schöne Blicke auf das *Persailhorn* (2347 m) möglich und wir müssen wieder steiler in Kehren nach oben steigen. Das Gelände wird zunehmend freier (Krummholzzone) - etwas schroffere Stellen werfen keinerlei Probleme auf. Schließlich gelangen wir zur aussichtsreichen und idyllisch gelegenen Alpenvereinshütte (1707 m), die auf dem geografisch vorgeschobenen *Kienalkopf* thront.

Peter-Wiechenthaler-Hütte, 1707 m [OeAV Saalfelden]
Lage: Kienalkopf (Persailhorn), 14 Betten / 40 Lager,
bewirtschaftet im Sommer ca. Ende Mai bis Anfang Oktober
☎ 0043/(0)6582/73489 (Hütte), keine Internetadresse bekannt

▶ **09-002 Aufstieg zur Routentrennung:** Wir gehen unmittelbar an der *Peter-Wiechenthaler-Hütte* (1707 m, Wegweiser "Klettersteige Persailhorn") vorbei und passieren sogleich den Endpunkt der Materialseilbahn - die folgenden Gabelungen sind beschildert. Ein steilerer Bergsteig (teilweise künstlich gestuft und schroff) leitet uns auf eine grüne Rippe, welche dem wuchtigen Felskopf des *Persailhorns* (2347 m) vorgelagert ist. Im oberen Bereich wird der Pfad besonders rutschig. Bei den letzten Bergkiefern befindet sich die ausgewiesene Wegtrennung (1945 m) zwischen *Wildental-Klettersteig* (links) und *Südwand-Klettersteig* (rechts, ↗ Tour 10).

Persailhorn (09-002 - vom Aufstieg zur Routentrennung gesehen)

Gesicherter Zwischengrat am Persailhorn (09-004)

BC

09-003 Wastl-Promenade: Wir begehen linker Hand die Pfadspur und kommen schnell zu einem schroffen Anstieg. Hier sichert das erste Drahtseil eine lehmige und abgetretene Kraxelstelle, deren Schwierigkeit (A/B) sich in Grenzen hält. Es folgen recht glatte Schrägplatten, die von natürlichen Rissen (im Sinne einer guten Stufung) durchzogen sind. Noch vor einer leicht absteigenden Querung passieren wir den beschilderten Abzweig des "alten" Normalanstiegs - wir halten uns jedoch links und orientieren uns am Verlauf der Sicherungen.
Die beginnende Querung (B) ist zum Teil etwas kleintrittig und ausgesetzt (ausgebrochene Wegstellen). Hinter einem kurzen Aufschwung mit drei Eisenbügeln weist ein Schild auf den Begriff der *Wastl-Promenade* hin - die Routenführung wird nochmals durch kleinere Tritthilfen erleichtert. Am Ende der interessanten Querung steigen wir anspruchsvoller bei einer Verschneidung empor (B/C) und befinden uns nun unter der senkrechten Wand eines eindrucksvollen Felsmassivs.

BC

09-004 Zwischengrat und Steilstufe: Das Drahtseil folgt einem mäßig steilen Riss (I) und wir steigen mühsam zu einer Scharte hinauf. Hier geht es links weiter empor und ein kleiner Zwischengrat muss sehr luftig (und aussichtsreich) überschritten werden. Hinter der exponierten Passage erwartet uns eine weitere

Verschneidung, die wir anspruchsvoll erklettern. Drei versetzte Schrägleitern (jeweils 3 m, B/C) mit Zwischenbügeln helfen bei der spektakulären Überwindung der glatten Wandstufe. Sogleich erwartet uns eine kaminartige Position, welche nahezu senkrecht mittels neun Eisenbügeln (B/C) erstiegen wird. Der weitaus schönste Abschnitt des *Wildental-Klettersteigs* liegt hinter uns und es kommt zum Zusammenschluss mit dem alternativen *Südwand-Klettersteig* (Wegweiser, ↗ Tour 10). Der finale Anstieg zum aussichtsreichen Gipfel des *Persailhorns* (2347 m) erfordert nochmals eine kurze Kraxelei (I - II).

o Alternativen:

a. Sehr lohnende Gipfel-Rundtour unter zusätzlicher Nutzung des etwas stärker exponierten *Südwand-Klettersteigs* ↗ Tour 10. Da sich der *Wildental-Klettersteig* rutschiger präsentiert, wird dieser für den Aufstieg empfohlen.
b. Variante zur *Peter-Wiechenthaler-Hütte* (1707 m) - insofern am *Kreuzweg* (1345 m, markante Wegkreuzung am Normalanstieg) auf den hier ausgewiesenen *Schattseitweg* (Weg "412a").
c. Alternativer (ein wenig anspruchsvollerer) Auf- bzw. Abstieg via *Steinalm* (1268 m) und *Persailfoissel* (auch mit Abstecher zur Einsiedelei auf dem *Palfen*). Zusammenschluss mit der beschriebenen Normalroute bei ↗ 09-002 (östliche Gabelung hinter der *Peter-Wiechenthaler-Hütte*).
d. Luftige Gratüberschreitung vom *Persailhorn* (2347 m) zum *Breithorn* (2504 m) bzw. *Riemannhaus* (2177 m, DAV) auf dem *Saalfeldener Höhenweg* (ungesichert).

Versetzte Schrägleitern mit Übertrittsbügeln (09-004)

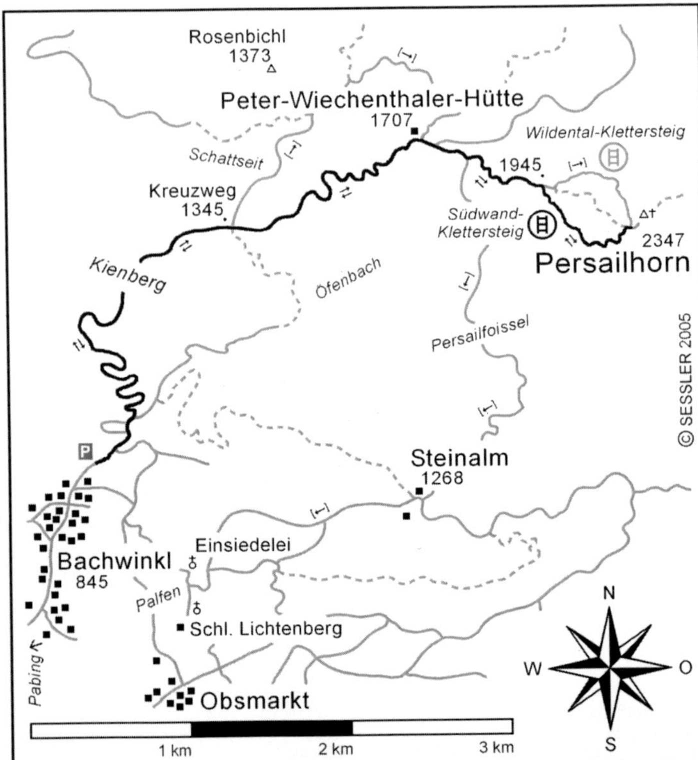
Rosenbichl
1373
Peter-Wiechenthaler-Hütte
1707
Wildental-Klettersteig
Schattseit
Kreuzweg
1345
1945
Südwand-
Klettersteig
2347
Persailhorn
Kienberg
Öfenbach
Persailfoissel
© SESSLER 2005
Steinalm
1268
Einsiedelei
Bachwinkl
845
Palfen
Schl. Lichtenberg
Pabing
Obsmarkt
N
W
O
S
1 km
2 km
3 km

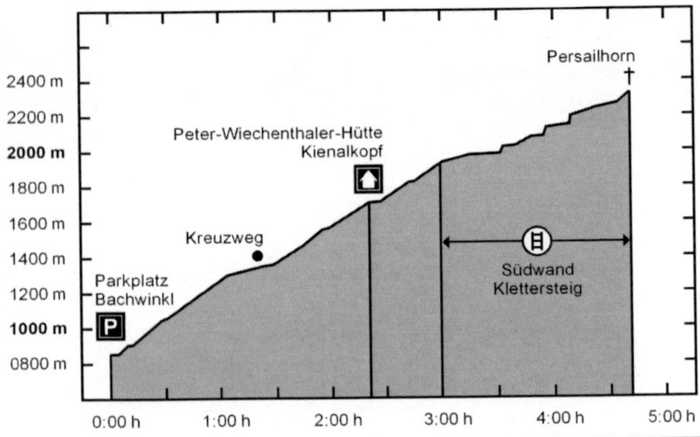
Persailhorn
2400 m
2200 m
2000 m
1800 m
1600 m
1400 m
1200 m
1000 m
0800 m
Peter-Wiechenthaler-Hütte
Kienalkopf
Kreuzweg
Parkplatz
Bachwinkl
Südwand
Klettersteig
0:00 h
1:00 h
2:00 h
3:00 h
4:00 h
5:00 h

● 10 Persailhorn (2347 m) via Südwand-Klettersteig

ab Saalfelden / Bachwinkl in den Berchtesgadener Alpen

Schwierigkeit	■■■■□□□□
Kondition	■■■■■■□□
Exponiertheit	■■■■■□□□

○ Geografische Informationen:

Vgl. ↗ Tour 09.

○ Schwierigkeiten (geh- und klettertechnisch):

Der Südwand-Klettersteig ist ein mäßig bis mittelschwerer Klettersteig, der einige steile Leitern (auch senkrecht) und kurze Querungen im felsigen Gelände beinhaltet. Die Abschnitte entsprechen der **Klassifizierung I - II (UIAA) bzw. B bis B/C** und sind nahezu durchgehend gesichert. Insgesamt ist nur wenig Armkraft notwendig. Nur für trittsichere und schwindelfreie Geher mit alpiner Erfahrung!

○ Gehzeiten (ohne Pausen):

+	1:20 h	Wanderparkplatz Bachwinkl - Kreuzweg
+	1:00 h	Kreuzweg - Peter-Wiechenthaler-Hütte
+	2:15 h	Peter-Wiechenthaler-Hütte - Persailhorn (Gipfel)

[insgesamt + 4:35 h Aufstieg, + 3:00 h Abstieg]

○ Höhendifferenzen:

+	500 hm	Wanderparkplatz Bachwinkl - Kreuzweg
+	362 hm	Kreuzweg - Peter-Wiechenthaler-Hütte
+	238 hm	Peter-Wiechenthaler-Hütte - Routentrennung
+	402 hm	Routentrennung - Persailhorn (Gipfel)

[+ 1502 hm Aufstieg, – 1502 hm Abstieg]

Der Begriff "Routentrennung" bezeichnet hier die Teilung zwischen Südwand-Klettersteig und Wildental-Klettersteig (↗ Tour 09).

○ Besondere Gefahren / Ausrüstung:

Der Verlauf des markierten Steigs indiziert eine **sehr hohe Steinschlaggefahr** - insofern ist die Verwendung eines Helms angezeigt! Aufgrund der relativ **stark ausgesetzten Wandstufen** (diverse Leitern, teilweise auch senkrecht) und Querungen wird zudem der Gebrauch eines Klettersteigsets empfohlen. Von einer Begehung bei Nässe, Vereisung, Nebel oder Gewitterneigung wird abgeraten!

○ Haupt-Stützpunkt:

Peter-Wiechenthaler-Hütte (1707 m, Österr. Alpenverein ↗ S. 63)

Senkrechte Leiter im Südwand-Klettersteig (10-003)

○ Anreise:

Auf den Straßen 164 oder 311 nach Saalfelden am Steinernen Meer und zum nördlich gelegenen Ortsteil Pabing. Hier auf einer Nebenstraße nordöstlich bis Bachwinkl (ausgewiesener Parkplatz am Ende der asphaltierten Strecke).

▶ **10-001 Peter-Wiechenthaler-Hütte und Routentrennung:** Der problemlose Aufstieg von *Bachwinkl* (845 m, Wanderparkplatz) zur Unterkunftshütte (1707 m, OeAV ↗ S. 63) auf dem *Kienalkopf* und die entsprechende Fortsetzung zur Wegteilung zwischen *Südwand-Klettersteig* und *Wildental-Klettersteig* entspricht der Beschreibung ↗ Tour 09 Punkte 09-001 bis 09-002.

B **10-002 Südwand-Klettersteig Teil 1:** Bei der gut beschilderten Routentrennung (der alternative *Wildental-Klettersteig* ↗ Tour 09 zweigt hier nach links ab) halten wir uns rechts und steigen kurz

einen rutschigen Hang hinauf. Wir umrunden das südwestliche Eck des *Persailhorns* (2347 m), passieren eine schroffere Stelle und nehmen die Querung der Bergflanke (Gehgelände) in Angriff. Schon jetzt kann festgestellt werden, dass die gesamte Tour von einem ausgezeichneten Tiefblick auf den *Saalfeldener Talkessel* begleitet sein wird.
Wir gehen unter einem reizvollen Felsüberhang (dieser präsentiert sich fast schon als kleine Grotte) entlang und kommen sogleich zur ersten Leiter im *Südwand-Klettersteig* - nahezu senkrecht klettern wir hier 6 m nach oben. Es folgt eine Wandplatte unter deren Einriss vier versetzte Bügel eine Querung (B) ermöglichen. Eine Steilstufe (B) wird mit Hilfe von zehn weiteren Eisenbügeln erklommen und wir passieren (leicht ansteigend) eine wuchtige Felswand (A).
Den nächsten vier Klammern schließt sich eine Schrägleiter (6 m, seitlich stärker exponiert) mit Richtungswechsel an. Versetzte Tritthilfen führen uns sogleich zu einer weiteren Stiege (B).

BC **10-003 Südwand-Klettersteig Teil 2:** Bald erreichen wir eine senkrechte Wandstufe, die mittels einer entsprechend exponierten Leiter (7 m) erstiegen wird. Über dem Kopf der Kletterhilfe warten sechs Eisenbügel (B/C). Weitere Klammern leiten uns schließlich ausgesetzt um ein glattes Felseck herum.
Wir steigen im Zickzack steil nach oben und passieren bei einer Gabelung die "alte" Aufstiegsroute (Wegweiser "Saalfeldener Höhenweg", für den Abstieg nicht empfehlenswert). Hinter einem weiteren Eck wartet sogleich der Zusammenschluss mit dem alternativen *Wildental-Klettersteig* (Wegweiser, ↗ Tour 09). Der finale Anstieg zum Gipfel des Berges erfordert nochmals eine kurze Kraxelei (I - II).

O Alternativen:

a. Sehr lohnende Gipfel-Rundtour unter zusätzlicher Nutzung des etwas weniger exponierten *Wildental-Klettersteigs* ↗ Tour 09. Da sich der *Wildental-Klettersteig* rutschiger präsentiert, wird dieser für den Aufstieg empfohlen.
b. Variante zur *Peter-Wiechenthaler-Hütte* (1707 m) - insofern am *Kreuzweg* (1345 m, markante Wegkreuzung am Normalanstieg) auf den hier ausgewiesenen *Schattseitweg* (Weg "412a").
c. Alternativer (ein wenig anspruchsvollerer) Auf- bzw. Abstieg via *Steinalm* (1268 m) und *Persailfoissel* (auch mit Abstecher zur Einsiedelei auf dem *Palfen*). Insofern Zusammenschluss mit der beschriebenen Normalroute bei ↗ Tour 09 Punkt 09-002 (östliche Gabelung hinter der *Peter-Wiechenthaler-Hütte*).
d. Luftige Gratüberschreitung vom *Persailhorn* (2347 m) zum *Breithorn* (2504 m) bzw. *Riemannhaus* (2177 m, DAV) auf dem *Saalfeldener Höhenweg* (ungesichert).

Stichwortverzeichnis

Die indexierten Begriffe wurden mit den entsprechenden Seitenzahlen (und nicht den Tourennummern) versehen.